中國
古城
行走筆記

夢之儀／著

目次

杭州

良渚：遠古文明在閃爍／008
倉前：訪章太炎故居／011
我的杭州（一）／016
我的杭州（二）／021
玲瓏山訪古／025
記千島湖筆會／029
海瑞在淳安／034
天目山記／038

嘉興

看檇李花去／046
新塍記遊／051
登了一回胥山／056
那來自遙遠的痕跡／060
我確信，我更喜歡山／063

湖州
夜遊南湖／068
莫干山之夏／074
麗水
行走在山水間／078
青田石門洞／082
衢州
孔廟的書香和秋色／086
紹興
白馬湖／090
上海
走進巴金故居／100
在復旦尋訪／106
純粹的醉白池／111

四川
成都的風采／116
貴州
那一次春天的相會／120
山東
探訪青島的文學地圖／124
江蘇
南京，尋找方令孺的蹤跡／140
天目湖心情／154
安徽
桐城文墨香／158
李白詩歌之旅／164
北京
陶然亭畔憶往昔／176
未名湖遐想／179

湖北

東坡赤壁／184

湖南

武陵源之旅／188

跋

行走是對大地的閱讀／194

「杭州」

良渚：遠古文明在閃爍

從杭州文一西路的浙江省委黨校往西，轉入一條支路時，路面凹凸不平，因為下著暴雨，會車時，時不時受到對面車輛飛濺出來的水花的撞擊。開了很久的路，什麼路標也沒有，真懷疑開錯了，不過到了某個小鎮時，終於看見了寫有「良渚博物館」幾個字的路標，我盼望了許久的良渚終於就要見到了。

車過小鎮之後，似乎進入桃花源，一切豁然開朗，而風景已然醉人：公路兩旁此起彼伏著蔥郁的樹木，樹木之下仍是繁盛的草木。車在飛馳，而時光彷彿在倒流，這一大片一大片青翠的綠，讓人覺得回到了遠古時代，平靜、安寧，有著不可抗拒的和諧之美。這一片就是良渚的土地了。我想，莫非是為了和遠古的文明遙相輝映，才有今天讓人心動的良渚外景呢？

走進良渚博物館，放眼望去，展廳內琳琅滿目地展示著良渚時代遺存下來的各種文明的結晶。我從嘉興來，我們嘉興人生活的土地上曾經活躍著七千年文明的馬家浜文化，我們附近的青浦也有六千年文明的崧澤文化，對於比馬家浜文化和崧澤文化都要晚得多的良渚文化，自然不會太過驚訝。我還在成都看過金沙遺址，那金燦燦的太陽神鳥真是光彩奪目。那麼良渚有些什麼呢？

良渚文化遺址，有古城、村落、墓地、祭壇等各種遺存，良渚文明以陶器、石器和玉器為主。在良渚時期，農業已進入犁耕稻作時代，手工業中，製陶、琢玉工業均很發達，陶器中，鼎、豆、壺、罐等比比皆是，石器中，犁、鏟、斧等應有盡有，玉器中，鐲、琮、璧等奪人眼球，展廳內可謂精彩紛呈。

反山大墓群的發掘可謂石破天驚，反山大墓被認為是良渚文化最高等級的「王陵」。良渚文明距今五千多年歷史，是夏商周三代之前的古文化。把反山大墓認定為「王陵」，在我們看來，也是修改歷史的驚人之舉。中國史書記載的第一個世襲王朝是夏朝，然後良渚的驚人發現足以改變這種說法。裏面播放的宣傳片中，模擬了一個王者威嚴的情景。與之呼應的，煌煌古城在莫角山發現了，城牆範圍之廣，在良渚時期，是史無前例的。

可是，燦爛了一千多年的良渚文化，後來卻神秘失蹤了，斷層了。想起在金沙時，我們有著同樣的疑惑，那曾經燦爛的文明，怎麼會消失得無影無蹤的呢？

這是個解不開的謎嗎？讓世人困惑不已。

重新回到良渚外景。吹拂了五千年的風仍在嗚嗚地響著，人生物亡，樹長草滅，不變的是這片大地，因為有著厚實的土壤，文明得以璀璨地延續……

倉前：訪章太炎故居

斷斷續續到省局的「大集中」工程基地已有好多次了，可基地設在餘杭的浙江省委黨校新校區，偏遠而且荒涼，因而，雖到過多次，我仍是校門未出過一步。

前一陣子，我在家裏看《章太炎評傳》，翻開書就有這樣的內容：某年某月某日，章太炎生於浙江餘杭東鄉離城約十里的倉前鎮。我心裏一動，黨校不也在餘杭嗎？不過我曾隱約聽說過餘杭這個地方很大，我剛剛冒出來要去尋訪的想法又沒有了。

過了幾天，滬上一位朋友聽說我幾次到黨校，便告訴我，從黨校再往前不遠，就是倉前，章太炎故居在那裏。我一驚，又一喜，真的是這樣嗎？太好了！

六月中旬，我又一次到「大集中」基地，還是待上一周的時間。在某一天上午，我來到了倉前古鎮。

倉前很小，一條東西方面的街把整個古鎮貫穿了，想來古鎮的南北方向也不會太寬吧。我從現在的主要街道向南走進一條小弄，來到餘杭塘前，又折向東，故居已經在眼前了。

故居與餘杭塘一街之隔，在倉前鎮倉前塘路五十九號，沿街是幾間平屋，粉牆黛瓦，木門木柱和石基，是典型的明清民居風格。兒時，我也住過這樣的房子，每到夜色降臨時，祖父總會把門板靠著一側門框一片一片地加上去，在幼小的我看來好像天天在玩遊戲。童年歲月如花似錦，影淡了，味則更濃。我童年的老屋當然早就不復存在，但看到這樣樸素的故居，總會讓人產生無盡的遐想。

從出生到二十三歲外出求學前，章太炎就生活在老家倉前。

我們關注一個人，常常會關注到他的童年和少年時期所受到的影響。章太炎出身於漢學世家，從曾祖父到祖父到父親，都是讀書人，讀書好學的種子早就種下了。

曾祖父名章均，傳記上說，他家房產、田地、牲畜，累計起來，貲產至百萬，那麼說來他還是個財主嘍。不過，章均這個財主與一般的財主不一樣，有了錢，他捐田建義莊辦義塾，還捐出鉅款三萬貫，在餘杭鎮上東門橋北首白塔寺前創建了苕南書院。

我不知道苕南書院後來的命運怎樣？（我又想去老餘杭看看苕南書院了，就算只有遺址也沒關係），但這個書院的存在對童年、少年的章太炎的影響必定是鉅大的，私人開書院，就像現在私人建大學一樣，在我看來，可稀罕啦。

祖父則給了章太炎另一種影響，由於他的妻子被庸醫誤診而喪命，祖父發憤攻讀醫書，甚至還擔任過太平天國的醫官。

因為祖父留下了很多醫書，章太炎得便利也經常在研究，後來在北京被袁世凱軟禁時，他在給他夫人的家書中，多次提到他的岐黃之術。這些對我這樣一個篤信中醫的人來說，當然非常好奇。不過據說章太炎沒給人看過病，他自栩的高超的醫術，有點空中樓閣之象。

章太炎的外祖父朱有虔是海鹽人，家學淵源更深，他在章太炎九歲時來到餘杭，對其進行啟蒙教育，使太炎自幼便在文字音韻方面接受嚴格的訓練，並影響了其思想，對此，章太炎後來自己多次提及。四年之後，朱有虔回海鹽，才由父親和大哥對章太炎進行課讀。

十六歲那年，章太炎奉父命參加縣試，因病發作，沒有考成。塞翁失馬，焉知非福，自此，少年太炎從八股文中解放出來，得以「泛覽典文，左右採獲」（章太炎：《自述學術次第》）。不過章太炎讀書，最主要讀荀子、司馬遷、劉向，其次是蓋寬饒、諸葛亮、羊祜、黃宗羲。為了全面瞭解清代漢學的成就，從十九歲開始，他用了兩年時間，通讀了光緒年間刊刻的《學海堂經解》，為治學打下了扎實的基本功。

章太炎二十三歲那年，父親去世，他離家到杭州進了著名的詁經精舍，同學中有吳昌碩等。詁經精舍即現在孤山的俞樓，由那位詩畫般地吟出「花落春仍在」的樸學大師俞曲園主持長達三十年之久。杭州的孤山，被文字水墨薰染得從容大度，對於這樣一批人的到來，她是不會驚訝的。

以後的日子裏，太炎先生同時投身革命的激流，避居臺灣、流亡日本，加入同盟會、重組光復會，七被追捕、三年入獄，經歷了一生的波折起伏，而在學術上，他卓然自立，成為一代國學大師，座下弟子更是群星璀璨，黃侃、汪東、錢玄同、朱希祖、沈伊默、龔寶銓、周樹人、周作人等等，正應了名師出高徒的古話。

餘杭塘水東流去，斯人已逝，故家仍在。倉前的章太炎故居共四進，前三進為太平天國之前章太炎曾祖父所建，最後一進樓房建於民國初年。

第一進是轎廳，在當年曾作為章氏義莊所在地，是章太炎祖父為賑濟族人、鄉里而開設的，現在，那古老的雕花木轎還在。

第二進為正廳，廳內高懸寫有「扶雅堂」三字的匾額，中堂為設色的古木花鳥畫，兩旁為隸書對聯。這裏是當年章家宴會賓客、文人雅集、鄉賢聚首之處。一個「雅」，便是當年的氛圍之體現。

走過一間過道，進入第三進，是堂屋，下面是女眷休閒的地方，邊上有書房，樓上是臥室。堂屋的北向屋簷下，是章太炎少年時的一排習字牆。每日晨起，用毛筆蘸上清水在方磚上寫字，練就了太炎先生一手好篆書，以至晚年的他還每天寫幾十個篆字，以此為樂呢，可見少年時代養成的習慣對一個人的影響之久遠。

第四進現闢為陳列室，圖片及文字資料的交融，還有紀錄片的音響交織，都在介紹章太炎的一生。

章太炎與嘉興也息息相關，他的第二個女兒嫁與他的學生、嘉興人龔寶銓，不過女兒精神上抑鬱，以致上吊身亡，這樣的故事聽來讓人唏噓不已。如今，嘉興馬厙鎮上的龔寶銓故居也開放了，相信必定會有更多精彩的故事等待著史家們去解讀。

繼續回到黨校，回到大集中基地。一天在飯桌上，和朋友們說起倉前鎮，一位朋友說，黨校不就在倉前嗎？屬倉前鎮某某村。我一聽，啞然失笑，要知道，從黨校到倉前鎮路途不遠，可交通實在不便，沒有公交車直達，在黨校又叫不到計程車，可偏偏地理位置是同一處地方。不過幸好我已經到過了，也算重新認識了餘杭，認識了倉前。

我的杭州（一）

寫下這個題目是因為近段時間來我一直想寫一篇〈陳夢家的青島〉，但是沒有一個完整的雙休日時間恐怕是完不成的，所以就一直拖著，好在寫我自己的杭州故事實在容易，哪裡需要那麼多時間，這樣一想，便借起這個題目來用了。

離上次去杭州快要兩年了，其實我心裏常常念著杭州。想到杭州，我就想到菊花、桂花、梅花、櫻花、蘭花、荷花等，生活在花叢裏的杭州人真幸福！想到杭州，我的眼前是濃蔭匝地、山清水秀、人文薈萃。我愛山也喜歡水，愛自然風光也留戀人文景色，如此美麗的杭州，我如何不神往？

這次去杭州，匆匆辦完正事，雖然已經很累了，但稍過休息之後便又來到了西湖。西湖，多年前我曾經見過的安靜的西湖似乎已經不存在了，西湖邊人來人往，但這一點不影響我的情緒。雖說同伴有事，留下我一個人孤獨地坐在水的一邊，但我依然喜歡著。我坐在水邊，什麼也不想，那是最快樂的。有時就起身走走，不過走不了多遠，又會坐下來，任晚風吹拂，重新享受這天賜的美景。兩個小時就那樣快地過去了，我只聽到悠揚的歌聲、潺潺的水聲，我想，這是我愛的西湖。

想想人真是奇怪，如果心裏喜歡一個人，卻是不能說出來的，但是對西湖，我可以說一聲，我喜歡西湖！這種喜歡，已經融入內心，千年百年都不會變色。

我總喜歡圍著西湖閒逛。有時走白堤，走過白堤的時候，一定要在斷橋上逗留一陣，想多情的白娘子是否還會從斷橋遊過。有時走蘇堤，那就不妨再看看東坡像，如果想重溫東坡的風采，不妨進蘇東坡紀念館走走。我至今還記得最初在紀念館看到在海南原來東坡住的地方建的那所茅屋，可惜經過改觀之後的紀念館，這張照片後來找不到了。

有時走北山路，記得有一次住在新新飯店，看到那裏的一份資料記錄了新新飯店的歷史，我於是知道了史量才，知道了胡適、陳布雷等人在新新飯店發生的那些事。在知道了發生在這裏的許多故事之後，我開始對杭州的古建築有了很濃的興趣，這也是我認識杭州作為旅遊城市之外的另一面的開始。

我們也走梁祝十八相送的曲橋，甚至沿著曲橋往上走到萬松書院，已經記不清是和誰一起去的，我只記得沉靜在書院的那份愉快。那是在夢裏嗎？我彷彿夢境裏也出現過。

也走楊公堤。有一次是和魚兒一起到茅家埠的。那個時候，風景也美，人也美，因為那時我們年輕啊，年輕是我們最大的財富。走過楊公堤穿過杭州花圃，我們看到了蘭花正飄著幽香，那樣醉人。蘭的香是否也正合我們的年齡呢，如此動人。

也永遠記得那一次和幾個同事一起，走出所在的賓館，沿著西湖的週邊走（後來看地圖知道也是楊公堤這一帶），走出來的時候，以為不會太遠，可是走著走著，已經繞了一個很大的圈了，好在一路上風景非常美，還有意外的收穫，如看到了于謙墓、蓋叫天墓等，那都是我們平時不會走到的地方，那一次卻都走到了。後來我讀巴金的文章，看到他也走過這些地方，他還在蓋叫天的墓地，和蓋叫天老人聊天，讀到這裏，親切感由然而生。當然，那次閒逛，等我們回到賓館時，腳已經很酸了。

我們也會在冬天去靈峰探梅，在春天去植物園看花，在秋天則趕一場菊花展。這一次，正是桂花盛開的時候，決定去滿隴桂雨。空氣裏都是桂花的香味，這是怎樣的迷人呢。從滿隴桂雨往上，來到煙霞洞，看看南高峰就在不遠處，我們決定爬上去。

我記得，小時候第一次見到山是在上海的郊外。當我猛一抬頭看到一個龐然大物在眼前時，驚得無所適從，在這之前，從沒有人告訴過我山是什麼東西。當我向它靠近時，不是我在移步，而是山搖搖晃晃地向我走來，從此以後，我對山有了敬畏之情。後來，我爬過很多山之後，尤其是走在樹林蔥郁的山林中時，我不再畏了，心裹油然而生的是對山的喜愛，這時，我常常渴望一座山一夜之間飛到我的家門口，讓我也成為山居之人。

可是搬一座山到家門口畢竟是太難，我一介凡人，只有自己跑到山中去親近我的喜愛。

現在山又在眼前了，但是我對自己的體力有懷疑。我想前一天我已經累極了，晚上還因為換個地方不習慣，過了半夜裹還沒睡著，現在爬山能行嗎？但是不管了，南高峰，一聽這名字就已經夠誘人了，那就上吧。

路是很偏僻的小路，一路上幾乎碰不到其他人。有一陣子甚至很陡，新認識的同伴阿娟問我，七十的坡總該有的吧，她已經累得氣喘吁吁。我也喘著氣，但是奇怪怎麼沒有累的感覺，大約我是太喜歡了，喜歡了，疲勞也就不來糾纏我了。到山頂後，阿娟說，有一陣她心裹感到噁心難過了。可我很好，我想南高峰也寵著我。

終於到達了南高峰。一覽眾山小。群山和西湖就在我們的眼底下。我們就認，那一條是蘇堤還是楊公堤或是白堤呢？那邊高樓聳立的是武林門嗎？那條寬寬的江就是錢塘江吧？原來錢江就在眼前，這麼近。這不由得讓我想起方令孺一次在城隍山（吳山）山頂觀錢江潮的情景，那時她心裏多麼快樂，難道我不是嗎？雖然相隔四十多年，錢塘江還是那條江，人卻已換了一茬又一茬，留在山頂上的心情更是各各不同，但是不同之中也有相同，那是遊覽仙山美景後的滿足。這一份情緒的感染，青翠的山是永恆的見證。

深深地呼吸，把心中的濁氣洗滌乾淨，把所有的不快丟下，整個人已經煥然一新了。等到吹夠了風，於是不加選擇地從邊上一條路下山，走下去的時候，真有些長路漫漫的感覺。快到山腳下時，無意中撞見俞曲園墓，有發現的喜悅。只知道孤山的俞曲園紀念館，不料這裏也是曲園老人的住地，且是永久的。不隨心所欲地閒逛又哪裡會找到這裏呢？山林蔥郁安靜的地方，我想曲園老人會是喜歡的。

快要分手了，我對阿娟說，我非常想下次爬北高峰。阿娟說，那個鳳凰山也不錯啊，在山頂可以看見下面的八卦田。我想是了是了，有一次我和兒子就是在鳳凰山上看到八卦田的，那次也是隨便玩，後來我們還走進了宋窯遺址，那場面真是壯觀！

依依惜別中我們互相道謝，因為有了對方，這次的旅程變得格外溫暖。再見了，朋友，再見了杭州。哦，快樂的杭州，留下了多少快樂的回憶。蘇東坡說，不辭長做嶺南人，而我說，杭州才是我最嚮往的地方，是一生最美的留居地！

我的杭州（二）

這次，因為三八節活動和全國性的業務考試，連續兩個週末都在杭州，我們對杭州的瞭解也就更多了。

考試前的那個晚上，晚飯後，我們幾個同事來到酒店門口。本想隨意走走，可天還下著雨。一個同事說，還是出去逛逛吧，我立馬回應，去不了西湖，附近走走也好。但我們都沒帶傘，於是折身回到房間，拿了一把傘，兩個人相攙著向外走去。

我們住在離財稅幹校不遠的教工路上，從酒店出來，轉個彎就是文一路。以前只在地圖上看見過這個路名，現在終於也有機會走走了。雖然同事經常在一起，但是走在夜色裏，我們還是有很多話題，當然考試也是其中的一個，同事說，這一個月來，為了這次考試，朋友約會喝茶什麼的活動，都取消了，每次會說，等考試之後吧。我馬上附和，這一個月，我都沒看自己的閒書，總覺得天天悶頭看書，已經沒心思也沒精力看別的什麼書了。最有趣的，同事說，自己書看得累了煩了，面對兒子還要強顏歡笑地說，媽媽覺得看書是一種樂趣！我們兩個在雨夜的街上不覺出聲大笑，真的太幽默！

一家店進，一家店出，看得眼也花了，而無意中一抬頭，眼睛一亮，居然看到了豐子愷的漫畫。一剎時我有了幻覺，是大師的故鄉石門鎮嗎？但這時分明是在杭州。我突然想起，杭師院不是有個弘一大師・豐子愷研究中心麼？前年我在寫一篇豐子愷先生長文時，還為了一個問題電話請教過那裏的一個專家。那麼這裏便是杭師院了。我沒有帶相機，於是用手機拍了一張照片，算是留念。我們還在繼續走著，我的感覺裏滲進了一點點微妙來。原本一條很普通的街，因為這幾幅漫畫的存在，就覺得不一樣了。除了雨聲，除了馬路上的喧嘩聲，空氣在這裏是安靜的。安靜多好吧，人常常在安靜裏做出很多自己想要做的事。當年的豐子愷，就是在安靜的白馬湖畔，放飛他思緒的奔騰的野馬，開始確立了他漫長的漫畫人生。

每次想到杭州，我心裏總是懷念杭州的山。我不知道杭州人是怎樣看他們身邊的這些山的，我是真喜歡，總覺得杭州的山與別處的山有很大的不一樣，蔥蔥郁郁的樹林把整座山環繞，乾乾淨淨的石階長滿了青苔，都是我喜歡看的。但是這兩次，我雖然仍想著那些山，卻都沒有機會去爬，好在，不管走在哪裡，杭州的任何一處景色總能安撫著我們那渴望的心——沒有一個城市比杭州更能吸引我了！

雖然到過杭州無數次，但是三譚印月景區的島上還是第一次登上，只覺得風景如詩如畫，美極了。才下船，照片拍個不停，左一張右一張的，其實這時的天氣陰陰的，並不明朗，但我們哪裡管得了那麼多，依著一顆高大的柳樹，讓三譚印月的背景恒久地留了下來。

一路走去，只見柳綠花紅，色彩紛呈，我們一邊認著路旁的花花草草，時不時地留下自己與風景的合影。後來看到一顆低斜著的大柳樹，同伴說，靠著樹幹照張像吧。我一下跳上樹幹，這時已傳來同伴的笑聲，這樹不就是剛上岸時的那顆嗎？我恍然大悟，原來我們繞堤轉了一圈又回到了那顆樹下，可不辨方向的我還以為又到了一新景點呢。

花港觀魚則是另一番景象。導遊說，花港觀魚一則看花，再則觀魚。一池池的紅魚比我們還開心嗎？也許吧。花也真是不少，紅的白的，在一樹花下，有說，這桃花多美！邊上馬上有人反對，這是櫻花，這樹皮有點縐，和桃花的樹皮是不一樣的。這時，又有人說話了，桃花櫻花的花朵是貼著樹幹長的，而這花由三四枝小枝挑出來開的，應該是海棠。我們聽著，覺得各有各的道理，但這時又有個聲音說，三月是紅梅花開的時候，這是紅梅。啊？一樹的花有這麼多的說法，到底是什麼花呢？問導遊，美女導遊也說不上來。為了這些美豔的花草，這一路之上，笑聲就沒有停止過。心情也美豔如花。

我們又去宋城，晚上則逛西湖，看曼妙舞動著的音樂噴泉，然後和同事漫漫趕去看一場湯姆克魯斯主演的電影。用心感受著，在夜色裏，我們與杭城融合在一起。

當往事成追憶的時候，我一定還會記得在某個夜晚見到的豐子愷漫畫、花港觀魚一樹叫不出名字的花等等，生活像一幅畫卷，慢慢地展開，繽紛永在其中。

玲瓏山訪古

臨安的地界，我到過幾次，但真正稱得上玩、玩得盡興的，沒有。反是這一次，雖只有一天的時間，倒讓人覺得不虛此行。

我們是去參觀取經的，但既然遠道而來，好客的主人自然要安排我們遊玩一下的。遊玩的地方選在天目山。

天目山美啊，一路上眼見那些修練了千年的粗壯樹木，我們不由得大呼小叫起來，特別是我們圍著大樹王，擁抱著他，那種興奮是不到森林裏的人感受不到的。

但是，天目山再美，我心裏還是牽掛著另一個地方，那就是玲瓏山。玲瓏山，我慕名久矣，因為玲瓏山上留下了蘇東坡的足跡，因為玲瓏山上埋葬了蘇東坡的朋友，我特別想去看看。

吃過午飯，大家聚在一起打牌，我想不能再錯過這麼好的機會了。陪同我們上山的是兩位科長。我就問其中的陸科長，下山之後能不能去玲瓏山一遊？並且問問我的朋友王敏是不是有空一起去。

王敏可算是我多年的老友了，大約四五年前，王敏和他的同事陸科長等很多人到西塘，他向我的同事漫漫打聽一個人，結果漫漫把我叫來一起吃飯。

這次我們到天目山，還沒有上山，陸科長認出我來，並且問我有沒有和王敏聯繫。我說沒有，他說那怎麼行呢，便接通了王敏的電話。王敏在電話裏責備我不事先和他聯繫，他說中午會趕過來，我說天目山那麼遠，還是晚上吧，晚上我們到臨安的。

但是下午的時候我想著要去玲瓏山，覺得還是約上王敏一起去好。二〇〇六年的春天，我到過天目山，沒和這裏的任何人聯繫，回去的時候，我多想上玲瓏山，但是這個願望終究沒有實現。現在要遊玲瓏山了，我想王敏應該是個很好的導遊，後來也證明，我沒有找錯人。初上玲瓏山，當我問起東坡的朋友，我想不起她的名字時，王敏脫口而出，是琴操。對了，他的記性真好，他說那時我曾告訴過他。

我不知道為什麼總是特別地鍾情山，對每一座都這麼感興趣。走在玲瓏山，走在光潔的石塊上，溪水潤潤，山道又是那麼地幽靜。這條小路就是當年蘇東坡多次來去的路，被稱為「學士道」，當地人又稱之為「東坡遊道」。我更喜歡後面的名稱，學士未必人人知道，東坡卻是名聞天下的呀；學士道又太學者味，這裏到底只是一座山，不是學府，遊道卻多了一份瀟脫，多了一份自在，多了一份天然的本性。

在中國的文人裏，在我的眼裏，沒有一個人比蘇東坡更有魅力了，他的詩詞還在其次，人格的魅力才是最光彩照人的。所以，今天的東坡遊道於我們就顯得無比親切了。如果時光能夠交錯，也許此刻我們的大學士也正在山道上獨行呢，抑或者佛印與他談天，琴操為他倒茶。如果相遇了，我一定也要加入到他們的行列中，有佛有琴還不夠，多一個夢不正好？活潑潑的生命裏哪能沒有夢想呢？

澗水邊，一塊平坦的大石頭，那是東坡的醉眠石。在臨安的山石上醉幾多眠幾回，可見東坡在杭州的日子過得還不錯，玲瓏山是他的後花園，我們當然期待他的人生有更多的休閒，但可惜的是，這樣的悠閒生活於東坡的一生中並不多得，這真是莫大的遺憾。

好在匆匆時光中，有過這一段印記。當年，琴操只是杭州城的一個藝妓，她聰明有才氣，東坡可惜她倫落此行，便用禪語點化她。琴操何等聰明，她明白學士的心意，也不想從良，於是便來到玲瓏山修行。

山不在高。有了東坡，玲瓏山沒有不出名的理由了，有了東坡，琴操也不再寂寂無名了。現在，我們就去訪琴操墓。

一個在寺裏幫工的婦人，她和我們一樣津津樂道於東坡和他的琴操，當到達山頂時，根本不見琴操墓，她說應該是在亂石山草中。邊上是一條小路，佈滿了荊棘，看著和我們同樣高的亂草叢，我猶豫著要不要進去找，可是王敏已經走進幾乎看不見路的草叢了。我們一起跟了進去。幾乎沒有路，到處都是荒塋，一起進來的幾個人大都回轉了。好不容易見到一個像樣的墓，細看之下是一個和尚的塔。看著一片荒蕪，我不知道還要不要找，是不是也要回了。但是王敏繼續向前找去，後來他叫起來，看到了，在這裏。我們聞聲而去。

墓不大，四周已經損壞了，但還保留了大部分。墓碑傾斜地靠在墓前，上面是「琴操墓」三個大大的字。

一抔泥土，埋葬風流。

一切都遠了。如今山上是安靜的墓地，山間是潺潺的溪水。除了風還在吹，除了草還是青的，除了鐘聲還會飄揚，已經什麼也沒有了，但是也還有，還有東坡的遺風尚在，年復一年，歷久彌新。

山道幽靜，不知怎麼，回來的路上只剩下我們兩個人了。怕別人等著，我們走得好快。為了今天，終於見識了玲瓏山，我非常地開心。我要感謝我的朋友王敏，若是換了別人，只怕今天還會留下遺憾。回來的路上，我對他說，我已經好久沒有訪古了，今天不想意外地訪了一次。

記千島湖筆會

知道要去千島湖的這個消息是隔壁的同事告訴我的，他從省局的內網上看到，便在第一時間傳遞了這個喜訊。我於是登陸網站，便看到了好幾個熟悉的名字，心裏真是喜不自禁，又能見到老朋友啦。我又想起淳安有一個同學，同學會她沒有來參加過一次，是不是她心情不好呢，趁這個機會，我也得去看看她。當然還有千島湖的風景，但似乎風景已經在其次了。

在去千島湖的前一兩天，陸續得到兩個朋友的消息，說是因為一些事去不了，我心裏一陣惆悵，朋友相處了一些時間，總是有感情的，失去一個見面的機會，多可惜啊。好在，我能夠去，好在，還有其他的朋友。

當那天下午我還在路上的時候，溫嶺的ＸＪ發來短信，她已經到了，並且我們住一個房間。真是高興。上次我們一起遊南潯，似乎還是不久前的事，然而時間過去快一年了。

晚飯的時候，大家都見到了，不認識的趁吃飯的當兒大家自我介紹，還可以對著名單加深印象，所以一餐下來，同一桌上原本不認識的也有些熟悉了。

我總覺得自己是幸運的，跟編輯部的老師朋友認識可能是最早了，參加這樣的活動又最多。第一天的會上，我因為寫作名人故居系列文章，還不停地受到表揚，有時說我文采好，有時贊我心態好，哈，真有些不知所以了。得到表揚的還有好幾位朋友，我們彼此投去讚賞的目光，可以說，能來參加這樣的會議，都是不錯的「筆桿子」。

會議安排了幾位老師給我們上課，真是個不錯的主意。我平時從不關注新聞的寫作、專題調研報告的寫作，這次有機會聽到專家的分析，得益非淺。還有一位老師講攝影，讓我們知道了在不得已的情況下一些移花接木之術，實在是高。

當然，既是筆會，採風也是其中的一項內容。可惜天氣不作美，有些陰，遠山都是暗暗的。很多年以前，我們也來遊過千島湖。那時住在對面的白沙鎮，印象中白沙鎮只是幾條窄窄的街，千島湖卻很美，因為天氣好，天藍藍水藍藍，我們的遊船在湖上不知開了多久，我則沉浸在湖光山色的遐想中。但是這一次，似乎我們才拍了幾張照剛剛坐定，船已經停下了，於是上島。這次，我們還看到了海瑞祠。還在會上的時候，聽到一位老師講海瑞免三年賦稅關注民生的事，在海瑞祠則看到更多的故事，不覺心生崇敬之情。不到千島湖，真不知道這裏也有海瑞的故事在流傳。

開會採風之餘，只剩下晚上的時間。我因見同學心切，一到淳安住進賓館就聯繫起了同學，只是等到我們聯繫上已是晚飯後了，同學便帶我去外面閒逛。現在的淳安縣城是在老縣城淹沒在千島湖底之後新建的，但已經相當繁榮了，黃金地段房價已經漲到五六千一個平米，千島湖是杭州人的後花園。

同學不停地說著話，從淳安的經濟說到她的單位、她的家。因為第一次同學會上有人傳來她外借其他單位的消息，我一直誤以為她心情不好，其實她好得很，家庭生活更是幸福美滿。我對同學說，以前想到她的時候總是有些牽掛，這下可放心了。她則說，下次開同學會時，要我幫她「澄清」這個事實。天哪，這事還需要我來「澄清」嗎，自己去不就得了，但是同學幾次固執地說，她可能不會參加以後的同學會了。我一時覺得茫然，每次開同學會，我總是趕在前面，這麼好的事為什麼她沒興趣呢。可能我是個喜歡熱鬧的人，但有很多時候我通常也是安安靜靜地一個人在做事呀。真是沒法解釋。

我大概真是個喜歡熱鬧的人，第三天的晚上，我已經耐不住前兩個晚上兩三個人冷冷清清地逛街，便約上德清的ＹＹ再約了幾個朋友一起活動。ＹＹ已是多年的老朋友，在這批朋友中，我與她相見的次數最多，又挺談得來的。原本想去所在的西園山莊二號樓看「鬼屋」，到了門口，有些人猶豫我堅決反對，終於沒有看成，我實在不想因為一次鬼屋行動而致使幾個晚上睡不著覺或是在今後很長一段時間裏一個人不敢走夜路。

漫無目的地又折了回來，敲開一間房間，有人提議，玩「殺人遊戲」吧，大家一致稱好。我想雖然不會玩，跟著大家一起玩問題不大吧。玩的人越來越多，員警、匪徒的人數也在增加。來自杭州上城區的XF做法官，據說這種「殺人遊戲」他已經培訓了無數的人，他應該是資歷最高的法官了。

遊戲開始。我第一次是做員警，全然不清楚員警的職責是要引導大家把匪徒票死，做了一次糊塗員警。第二次是平民，這回終於知道要保護員警，必要的時候可以犧牲自己，但我根本分不清哪個可能是員警哪個可能是匪徒，聽別人說得頭頭是道，就是沒有一點點自己的邏輯思維，到最後還是什麼也沒分清楚。第三次也抽到做了一回匪徒，這裏的匪徒就是殺手，殺手就得殺人，殺了人還得掩飾，輪到我為自己辯護了，我實在找不到什麼理由，恨不得承認自己是殺手算了，語無倫次的我自然被聰明的員警識穿了。等到又被抽到做員警的時候，心裏升騰起了員警那份莊嚴的責職，睜開雙眼火力偵察，力戰匪徒。這一局下來，好不容易有點思路了，但這時夜已深了，遊戲也就結束了。

因為玩得興奮，回去怎麼也睡不著。第二天見到時，大家還在熱烈地討論著，又歎息，為什麼不早點玩，因為這個遊戲一玩，好多叫不出名字的，現在可以叫出來了，也就熟了，可惜我們又要各奔東西了。不過，我們大家都真心感謝編輯部的老師朋友，為提供了這樣一個平臺，不然，茫茫人海中，我們因何得以相識呢。

我喜歡爬山，ＹＹ約我去德清登山，我們便相約，下次一同到杭州登北高峰，畢竟我們到杭州比各自去對方那裏都方便。想到北高峰，心裏有著無限的期待。

大家陸續地回去了，這時才發現，和編輯部的幾個老師朋友我還沒有好好說上一陣話呢，想到以後還有這樣的活動，似乎也就釋然。

海瑞在淳安

一個秋高氣爽的日子，一班文友相聚在千島湖。

到千島湖總得要上島。以前也來過一次，但是到過的那些島，無非是猴島蛇島什麼的，沒什麼特別之處，至少沒到過龍山島。

秋天的龍山島仍是一派迷離風光，青山綠樹水依依。微微的風迎面拂來，眼裏是無盡的山和水；任風兒吹拂，山水漸漸隱於胸海，心湖融於一體。這是大自然的力量，這時候覺得非常微妙，天人合一也許就是這樣的境地。但龍山島最特別之處更在於海瑞祠，我第一次知道，原來海瑞與淳安有緣。

海瑞到淳安，已四十有餘。據說他上任之時，仍是秀才打扮，一不乘船，二不坐轎，而是沿途考察民情。想想從福建到浙西，要走多少路啊，雖則是盛年，但他不是旅行家，而旅行家還要乘船騎馬呢，當年徐霞客就是坐著船從江陰他家門口的小河邊出發的，李白是騎著馬仗劍天下的吧。而海瑞一個父母官，居然千里迢迢徒步上任，實在是少見。不過這確實是考察民情的好辦法，一路之上，所到之處，沒有人為他造假，只要睜開眼睛，看到的都是最現實的東西。這是一個父母官的用心所在。

海瑞到了淳安，便開始了一系列的改革。

淳安是浙西一個山城，古老而貧困，以茶葉、竹子、林木為主要收入，而賦稅沉重。又因為明朝開國之初土地沒有丈量好，每畝田實際上只有八分，甚至只有五六分的，使廣大農民喘不過氣來。而比田賦更嚴重的是徭役，每丁少則一兩二錢，多至十餘兩。農民會因為賦稅徭役過重而逃亡。海瑞通過重新丈量土地，查實各戶實有土地，再按土地數目分攤稅賦；按田地多少、貧富情況來確定負擔徭役的多寡，謂之「均徭」，這樣就大大地減輕了農民的實際負擔。對於「均徭」的「均」字，海瑞有他的理解，他認為，要使能負擔的來負擔，不能負擔的不負擔，能多負擔的多負擔，而不是平均分配，海瑞對「均徭」的理解，真正體現了以人為本的精神。淳安人從此安居樂業，連逃亡他鄉的人也回到了故鄉。雖不能親眼看見，但我們可以想像，當年的淳安人是怎樣的歡欣鼓舞。

海瑞的前任，歷屆的知縣都能享受到一種特別的津貼，就是攤派在田賦上的加收費用。海瑞就任之後，便革除了這條規定。而知縣進京朝覲，依慣例，需要帶去大批金銀以便進京行賄，京官們也眼巴巴地盼著呢，這些費用在幾百兩到一千兩不等，費用則全部攤到百姓身上。海瑞兩次去京城，總共只花去盤纏四十八兩，用的是自己的錢。可以想像，有多少大官失望了，但更多的百姓歡喜了。失去和得到總是相對的，要看他更看重哪一方。他又懲治貪官，肅清吏治。他心裏想的是百姓，因而也深得民心，這是相輔相成的。

在淳安，流傳了好多「海瑞平冤」、「海瑞拒賄」、「智懲紈絝」等故事，其中「海瑞背纖」的故事同樣流傳極廣。那年，一個當朝權貴路過淳安，流經淳安的新安江水流湍激，需要有人拉縴才能行進，他就命海瑞派人前去為他拉縴，可那是個農忙時節，縴夫都是農民，常以耕種為生，農時不可誤，可是作為朝廷命官，他又無法抗拒當朝權貴的命令，於是他腳穿草鞋，率領一眾衙役，親自去為權貴背縴……當海瑞背縴的時候，不知洋洋得意的權貴有沒有露出慚愧之色，心中有沒有閃過一絲關注民生的想法，不管怎樣，海瑞用實際行動給他上了最生動的一課。

海瑞以他的言和行，更以他執政為民之心，獲得了「海青天」的美譽。

海瑞，字汝賢，號剛峰，現在的海南海口市人。當他離淳之日，百姓紛紛湧上街頭，哭泣著與他告別。這樣感人的場面，後代不知有過多少，大概是不會多的，所以，當時縣人徐廷綬特撰〈海剛峰先生去思碑記〉以頌其德：「侯之政在吾淳者，百代而為範；侯之澤在吾民者，百年而未艾。侯之心在民所未盡諒，眾所不及知者，足以表天日，質鬼神而無愧。是故有孚惠德，有孚惠心，不市名而名垂不朽。」也因此，淳安人民立生祠以紀念他。

隨著淳安古城沉入千島湖底，海瑞祠也沉睡在了水中，但是人們不會忘記「海青天」，於是，一座新的海瑞祠出現了在今天的龍山島。

青山綠水環抱著的龍山島，因為有了海瑞祠而聲名遠揚。

我們走在龍山島，徐徐清風拂面而來，「海青天」的故事，一如這清風，周而復始地照拂著人們，沒有窮盡……

天目山記

一夜雨後，公路兩旁前些天還燦爛的紫荊花，彷彿一夜間謝盡了，而綠葉兒又如五六個月大嬰兒的臉，飛快地生長著。我想起，我在天目山的最後一夜，也下起了大雨，第二天起來，走在山路上，我起了詩興，隨手寫下五言詩一首。我只知道，在天目山的每一天，我的心裏時時充滿了喜悅，而詩，只是我心頭的一種釋懷罷了。

從天目山回來已有多時了，走在四月的路上，我的眼前總是花開花又謝，而我記憶中的天目山，印象最深的是那一樹潔白的梨花，我到的那天，還只是小小的花蕾，某一天夜裏卻盡情地舒展開來了。王國維有寫蘇州留園玉蘭花的詩：海上銀濤突兀來，日邊瑤闕參差出。用在這裏，不是正好？那個清晨，我的驚喜就像走失的孩子一下子突然出現在眼前。自此以後直到回家的兩三天裏，我圍著梨花，一天要看上好幾回。

我當然同樣不會忘記，在好幾個早晨，我打開的太子庵的那扇門。東西天目山，一千多年來留傳著關於昭明太子的傳說。當年，昭明太子因被太監誣陷而憤然離開宮廷，自此他帶著書留連於山水風光，有一天，他來到東天目山的廟門口，和尚因為在念沒有分章的《金剛經》，直到第二天才招呼他，昭明太子於是決心給《金剛經》分章節，他花了七天七夜，將《金剛經》分成三十二品，但是因為過度的疲勞，他的一隻眼睛瞎了，和尚帶了他去池水中洗眼，眼睛居然復明了。現在的東天目山還留著分經石和洗眼池，二〇〇五的的夏天在東天目山，為了尋找分經石，昭明寺的人還特地派了一個剛中學畢業在昭明寺參禪靜修的女孩給我們帶路。承受了千百年雨露的分經石，絲毫不見垂老之色，它圍遭的花木，一樣鬱鬱蔥蔥。

後來，昭明太子又來到西天目山，他在西天目的草庵編寫《昭明文選》，也因為勞累過度，他的另一隻眼睛也瞎了，他還去池水洗眼，眼睛再度復明，所以這裏也留下了洗眼池。後人為了紀念他，在草庵舊址一帶建文選樓，這裏也就稱作了太子庵。清代時這裏創建了天目書院，抗戰期間，我的同鄉前輩、嘉善人張天方博士在太子庵恢復起天目書院。所以，這裏的前門是啟功寫的「天目書院」，側門則立了「太子庵」的碑，門上書「抱翠流芬」幾個字。

我從杭州轉道藻溪時，叫了一輛車，直上天目書院。來天目山之前，我想，一個人在山上也太寂寞了，不如約上當律師的好友采菊一起閒聊，她不是也說要休息嗎。去問采菊，她說週三週四有一個案子要開庭，那我說等她週四開庭結束了再來，她說行。我呢，就在天目書院等她。

不巧的是，天目書院正在裝修，而我周邊環境又不熟，既已上得山來，況且是我久慕的地方，便找了一間受不到空氣影響的房間住下了。

放下行包，拿了書，信步走到不遠處的林間。坐在石級上，放眼前方，除了無盡的綠，除了山野撲面而來的春的氣息，已經盛不下別的什麼了。心的安寧和快樂，只有沉醉山水清音的人才能真切地感悟到。世間如此之美，人生有這樣的逍遙，豈不有福？我看看書看看天空和樹林，看看稀稀疏疏的陽光，有些醉意有些詩意有些夢意，拿起圓珠筆，隨手在身邊的一株竹子上寫下「夢兒」兩個字，任心思飄渺起來……

傍晚的天目書院是迷人的。太陽下山了，院子裏一片安靜，我在書院的草地做幾個簡單的瑜伽動作，有時就這麼來回地走。值班的老伯來喊我吃飯了，我只是隨口說要吃青菜，他不管地上的芹菜波菜什麼的，執意去山坡上摘來了青菜。我把飯碗也拿到了草地的石桌上，一片天空任我獨享。

一早起來，當然還是草地最吸引我，我打開太子庵的那道門，彷彿那是我家的門。我想起，小時候，我家也用過這樣的門，兩扇門合上，一根橫木一閂，非常地牢固。打開山門，山道彎彎，引人遐想。那個清晨，一位哈爾濱來的大媽從我剛打開的太子庵的那道門進來，我們聊了好一會兒。大媽說，她退休了，來這裏待上十天半月的，她喜歡旅遊，就住在禪源寺。這時我就想，等我退休之後，我一個月兩個月地到外面去雲遊，不如也住到寺裏吧，不必擔心費用太高，如果吃素吃厭了，到外面去小炒，神仙一樣地優哉遊哉，想想真是美。

喜歡天目書院，那和在家一樣的感覺讓我一直想住下去，但是，裝修的雜音讓我無法午睡，我只得搬了。

我搬到了度假村，這裏吸引我的是一個亭子，亭子掩要樹林叢中，是非常地安靜，有一個下午，我在那兒坐了幾個小時，竟不見幾個人的。我想，和書院草地一樣安靜的亭子，彷彿就是為我安排的，那麼我就來了。

我把亭子掃個乾淨，有書陪伴，我沒有寂寞，何況亭子的周圍，高高低低長滿了很多樹，松、柏、青楓、梧桐、天竹等等，一樣是我的夥伴。有一天早上起來，我看到梨花開了一大片，高興極了。潔白的梨花啊，你是歡迎我的到來嗎？而那棵海棠，直到我回去時，還只是小小的紅色的花蕾，讓我懷疑是不是認錯了。飯後我沿著亭子的四周走拉丁步子，以前專業的舞蹈老師教過的，據說對瘦腹很有用。

還是去天目書院，我喜歡早上和傍晚書院的草地。早上，我繼續打開太子庵的門，然後坐下來看書。有一天我去得晚了，還去開門，這時太子庵的洗眼池邊遊客來了不少，我聽得有人說，她是這兒的工作人員吧，又有人說，不像吧。就這樣，我們又聊了起來。

魚兒第二次打來電話的時候，我有些不耐煩了，她老說山裏人很野蠻，要我小心小心再小心。外面我走得多了，山裏人也看得多了，也許是我運氣好，野蠻的沒碰到過，看到的都非常淳樸。何況我心情這麼好，她這麼說不是有煞風景？魚兒滿是委屈，我只好發短信去安慰她：我在山裏只聽到小鳥啾啾泉水淙淙，在清晨和傍晚的草地上做瑜伽，心情很好，山裏人很淳樸，最好長居於此。她回說，羡慕死了，暑假帶我去。哈，真像個孩子。

流年發來短信的時候，我正在書院的草地上看書，我們的短信來來回回，只為了探討人生的一個問題。人生，我們可能永遠不會看得太真切，但是我們熱愛著，這是我們生活的姿態。一段時間以來，身體很差，且病得蹊蹺，偶而的時候也會悲觀，但更多的時候，尤其在天目山的那幾天，我的心情一直很好。從禪源寺到天目書院，大概只有短短的千米山路，我不曾厭倦。我知道，那是因為我心頭的喜愛。

夜裏，天目山下雨了。一早起來，心快樂得要歌唱，我決定寫首詩以不辜負此行。想做詩，這才知道寫詩的不易，短短的幾句詩中，要表達怎樣的情懷呢，又以什麼來入詩呢，我決定就寫天目山夜雨，詩寫完了，我短信發給天河漁民，問他平仄押韻對不對。我想總該差不了多少吧，誰知漁民說，錯了好多啊。這對我恐怕是一個不小的打擊，想想，學生時代唐詩宋詞白背了那麼多。那麼這次就算了，但詩還是保留，權當作古風一首吧。

我終於沒有等到采菊的到來，而夜晚一個人的擔驚害怕讓我決定提前回家，我選擇繞道於潛轉杭州，只為了看一眼，張抗抗筆下雲煙四起的於潛究竟是什麼樣子的。我沒有在於潛停頓，只是在轉車時拍了一張照，算是我到於潛的一個紀念吧。我原本還想去看看臨安的玲瓏山，玲瓏山上埋葬了蘇東坡的朋友，而臨安有我新認識的同行文友王敏，但我沒力氣走路，只好等下次了。

這一次，如果不是因為身體不好，我是不會一個人去天目山療養的。我想起多年前曾經參加過一次雁蕩山療養，那個時候有著充沛的精力，哪裡有心思療養？想想年輕真是好，而我垂垂老矣。唯可讓我高興的是，兩個多月來，我沒看什麼書，而天目山的這幾天，我天天看了些書。

「嘉興」

看檇李花去

近來總是心緒無定。為很多事累著，覺得生活不容易。

昨天傍晚時分，我走到小公園，合歡樹的枝頭在不經意間吐出了綠芽，紫藤一樹一樹開著淡紫色的花，最欣喜的，白色的海棠已然綻放。

我走過高高的合歡樹，走過密密的紫藤架，來到一樹海棠花下。那花是潔白的，給人一種單純的美，單瓣的花看上去並不熱鬧，但因為幾朵這樣的小花在一起，配上大小不一的綠葉，還是很可看的。白色的海棠花下，春風徐來，心緒飄了起來，想起那天我們同樣站在白色的檇李花下，那份快樂真是簡單又美妙。

其實去之前還是有一點失落的，簡兒因為家裏有事去不了，少了一個天真率性的女詩人，還少了另外幾個朋友，不免覺得冷清不少。不過，陸嘉敏和草白一見，聊著花花草草，已經談得非常熱鬧了，再加上禾塘做我們的黨代表，很快就把那份失落感丟遠去了。

那正是清明時節，草木繁盛，金燦燦的油菜花飛揚在公路兩旁，熱情奔放如入時的女子。

嘉敏和油菜花一樣詩意盎然，她的詩情總是在不經意間流露出來，可惜她不寫詩，這真遺憾。

一路逶迤向南，沒有山也不見水，我們在田野和稻作和各色野花之間曲折地穿越，突然眼眼冒出一條小河浜，猛然覺得眼熟，停下來一問，居然就是我們想要抵達的地方。

主人名陸建明，故此處名陸園。陸園不算小，有各種果木，有各種菜蔬，也有雞狗，還有池塘，可以說，是一個很完備的農家園林。

我自小在農村長大，看慣了田野的陌色和春耕秋收的繁忙繁華，可這一片天地對我而言還是陌生的，這裏種植的，是成片的樹木，確切地說，是果樹，有檇李樹、桃樹、葡萄樹，還有桔子樹、茶樹等。

我們是為了看檇李花而去的。為了看某種花而追尋著這種花的蹤跡，這本身就充滿了情趣，何況這種花並不多見。

檇李花起於何時，恐怕誰也不知道了，但聰明的人類發明了文字，於是，在歷史的某一瞬間，「檇李」兩個字留了下來。最初留下這兩個字的，遠在春秋時期。大美女西施從越入吳途經嘉興，因為口渴，隨手拿起士兵從路邊採摘來的檇李果，一經入口，甘甜清香，於是檇李的美名開始流傳。而檇李果上，因為西施用手指一掐，便留下了「西施指痕」。

檇李曾經生活在西施的年代，歷經了吳越兩地的鏖戰，然後穿越了兩千七百年的時空仍然存在著，這不能不說是一大奇蹟，於是我們皆稱檇李具有穿越之力。穿越時空的檇李，如果這不算傳奇，那麼世上沒有傳奇可言了。更值得一說的，地以果名，嘉興過去曾有「檇李」之稱，這是嘉興這片古老的土地對於檇李這種植物的崇尚，檇李是可驕傲的。

說起檇李的種植來，陸建明老師侃侃而談，他的家族種植檇李有著六十年的歷史，他自己也有二三十年的種植史，所以說，在檇李的種植歷史上，他有著諸多的酸甜苦辣。但是在今天，因為技術、因為產量等各種因素，幾乎沒有其他人再願意種植檇李了，搶救檇李成了他心頭的頭等大事。在過去，也有一些高級官員投入到這件事中，為搶救檇李推波助瀾。

檇李的滅絕與重放異彩成了檇李的兩重天。我們當然期待檇李的枝芽在今天的大空間裏自由伸展，但我們能做的微乎其微，我們只有感受罷了。

陸建明老師帶我們一行穿越檇李樹下，素白的檇李花一連串地長在一起，幾乎不見綠葉，這樣的茂盛展示了檇李繁華的一面。梨花同樣潔白，但梨花分散在枝頭，在綠葉的映襯下，有鬧中取靜的感覺。白色的海棠則與梨花比較接近，綴滿了枝頭，但但花朵相對來說要小一些，又與樵李花比較接近。我們常常會感歎，大自然真是奇妙，給每一種花以不同的姿態，進而賦予萬種風情，讓徘徊在花下的人們欣賞著、迷戀著，及至身離去而心無法離開，心思就這樣沉澱了下來，情意也就此慢慢生長，在花叢裏，在枝葉間，在夜晚的露水裏，在奔放的霞光裏。

現實和想像在交織變幻。仿佛是乘上了兩千年的時光隧道，我們迎來了樵李的今天。樵李樹下，蘿蔔開著同樣潔白的花，我是第一次見到蘿蔔開花，喜悅溢滿的心田！樵李樹旁，杜瓜藤上掛著圓圓的果實，這也是我第一次見到，而見到的當時，我們也正嗑著這種杜瓜籽呢。感覺一切都非常美妙。兩旁，還有成片的桃樹和葡萄樹，再一旁，池塘裏魚兒在悠閒地散步。草白採來野花要捧回家插花，我們摘下金桔入口，再揪幾片老茶樹的嫩葉，這個園林好像就是我們自家的。雖然自小在鄉村長大，但是陸園給我的感覺是多麼地不同，小小的園林，似乎什麼都有了，更兼一份好心情，那比什麼都重要。

嘉敏總是最有創意，她聽說禾塘經常和崑曲班的人在一起，她說等明年樵李花開時節，組織一場樵李花下的崑曲表演。我們都覺得這個提議好，春風裏，隨性地做一些自己喜歡的事，一點不為過，何況是為了樵李呢。嘉敏還建議，明年我們還可以帶上野餐的工具，樵李花下，組織一次野餐，不也趣味無限？一時連野餐的地點都選好，那麼明年的春天必定會是不一樣的。

我不知道為什麼檇李花給了我們那麼多的喜悅，想我們遠遠地趕來，尋花、看花，花雖相似，花卻各不相同。各色的花太多，檇李花因其穿越時空而得眾人關注，她從遠古時代風塵僕僕地走來，直走到不可知的將來，做檇李花也是幸福的。待明年此時，我們還會再來，到時，檇李還會認識我們嗎？在回家的日子裏，我會想念著檇李嗎？

回去時，我已經辨不清來時的路了，禾塘成了導航儀，一路順利返還。臨別時，嘉敏送我們每人一枝蘭花。這麼多日過去，蘭花是謝盡了，但是當我偶爾走過小公園，看見潔白的海棠花時，心思又飄到檇李花下。願更多的人認識檇李，願檇李的聲名傳播得更遠，願檇李的明天無限悠長！

新塍記遊

我這人喜歡各處遊蕩，從前和朋友啟航出玩，遇到春節車票難買時，有時買到哪裡的車票就到哪裡，心裏還非常高興有這樣的地方與之結緣。自從一年前買了車，碰到雙休日沒事，我總喜歡呼朋喚友開車到附近閒逛。記得買車剛滿一周的時候，週六我開車回了一次鄉下，周日又到了嘉興，有車這麼方便，實在讓人愉快。滿一個月的時候，我帶了兒子信爾和同學紅到碧雲花園玩，由於碧雲花園處在鄉村，導航儀裏找不到，我認不得路，不小心開車過了平湖的收費站，然後我們掉頭回來，又從小路折向碧雲花園時，接連兩次遇到路邊的石墩。看看我的車技是沒法從曲曲折折的鄉間小道退回的，只有向前，我緊張地叫著，我過不去的，結果已經過去了。轉個彎，第二次遇到石墩，這次心定了，可是信爾在邊上急著大喊，媽媽要撞了。不過，說話間也已經飛過了。原來開車有這樣的驚險和有趣，讓人興奮。

當然這裏我主要說的，是遠處的風景，那是我們期待的。

這一年多點的時間裏，我開車到過附近很多地方，在乍浦重訪《紅樓夢》出海的紀念地海紅亭，在碧雲花園對著草木寫生，走過古鎮朱家角熱鬧繁華的街區，在千畝蕩體味落日美景，到馬厙參觀還未修復的龔寶銓故居，在棲真訪棲真寺參觀繆惠新老師的畫室，到海寧上東西兩山，到上海看豐一吟先生聽她說養生，到黎里參觀柳亞子故居，留戀於同里古鎮的熱鬧與安靜，於鳳橋的春天享受檇李花的爛漫夏天品嚐香甜的檇李果，在精嚴寺聽禪，看太浦河蘆葦瑟瑟……這一處處的風景，都留在我的記憶裏，如今想起來，就像電影在重播，心是溫暖的。

在這個晴好的秋日，我們來到了新塍。

新塍在嘉興的小鎮中，實在算不得什麼，以前似乎也沒有什麼特別的印象。不過是因為嘉敏說，我們不要喝茶，我們去新塍看看銀杏樹吧。一聽這話，我馬上想到遍地金黃的落葉，心動不如行動，於是我們到了新塍。

到新塍正是中午時分。嘉敏在來之前，她的同事告訴她，那裡有一家好吃的餛飩店，還有一家錯的羊肉麵店，我們一聽，肚子就餓了。把車停在能仁寺門口，於是步行去找這兩家出名的店。不過，嘉敏經過打聽，知道這兩家有名的店每天只經營半個上午或一個上午，這時早就關店了。失望之餘，又有一個讓人欣喜的消息，還有一家餛飩店也不錯，就在前面。

我們繼續尋找，很快看到一家餛飩店，一眼望去，很乾淨，食慾頓生，這時也管不了什麼店了，三個人坐了下來。

小雨拿出他新出的詩集，分贈我和嘉敏。我翻開集子，在詩的題目中，一眼發現一些我們一起到過的地方，如朱家角、鳳橋等，這很讓人親切。

店主夫婦是一對小夫妻，妻子懷著八個月大的身孕。先是妻子裹餛飩，等她丈夫下廚時，她來和我們閒聊，對我們手中的詩集很感興趣，她說她也喜歡看書，常到嘉興圖書館借書。嘉敏問她喜歡看什麼書，她說喜歡看傳記和散文。我馬上說，我們是同類，我也喜歡這類書。因為有了文學的話題，我們說話也投機了。

我們的餛飩都上來了，我們要了香菇肉餡和冬筍肉餡兩種混在一起，吃著吃著，感覺又鮮又香。店主夫婦也在另一桌上吃中飯，他告訴我們，他是食品專業畢業的，曾經在五芳齋工作過，五芳齋的用料是絕對的好，他現在開這家餛飩店，最大的特色也是用料上乘，他用的香茹是三十元一斤的。啊，原來是這樣，怪不得這餡那麼好吃，不是我們平常在小吃店吃到的那種。

有一陣，我們又聊起文學，當說到巴爾扎克時，店主說，他曾經在某本書上看到，巴爾扎克一生喝了幾萬噸咖啡。巴爾扎克喝大量的咖啡是出名的，原來在這樣的小鎮，在這樣的小店，也有人記得他，這能不意外嗎？嘉敏因為店主夫婦都喜歡文學，她把剛剛收到的小雨的詩集轉贈給了這對夫妻。

離開小店時，看了一下店名，叫「好食材小吃店」，真正名副其實啊。

一到新塍就有了這樣美麗的開始，心情真是好。我們轉入小街。和很多江南小鎮一樣，兩旁都是古老的民居，長長的小弄，斑駁的磚牆上綴滿青苔，秋陽從高處透過來，無限悠長的歲月從古到今從地重複了又重複。

穿了幾次小弄後，來到一家人家前，無花果開得正盛，我們好奇地打聽小鎮上有名的朱家（也是嘉敏的同事說的），原來現在的這家人家，房子正是原來朱家的。然後我們進去參觀古民居。先看到的是一個院子，院子裏，蘭花一盆一盆，而大大小上的缸也有很多，有幾個開口非常大，小小的無花果放在這盆裏，怡然自得的樣子，很是可愛。

進得裏面，建築、雕刻，都是大戶人家才有的。但最吸收我們的，還是那幾個裝滿書的書架，然後是掛著的一些字畫。戶主人不在，女主人在書房和我們說起主人的故事。主人名吳振樹，是朱念慈的弟子，擅寫微書、小楷。女主人拿出一幅吳振樹用微書寫的「孫子兵法」，用放大鏡才能看清那些字。

如果說，剛才餛飩店夫婦給我們一些意外，那麼，這裏則是驚奇了，這個小鎮不簡單啊，還有這樣的藝術家。

繼續在小鎮遊走。在某個角落，我們與一叢花對話，在某個陽光的屋簷下，我們和老人閒談。時間過得很快，轉到能仁寺，又來到小蓬萊公園看銀杏樹，覺得這些都是陪襯了，最美的風景已經感受到，真是愉快極了。

我們去新塍之前，草白因為下午兩點必需要在家裏，於是半路下了車，簡兒中午也有事，她下午在家裏煮了咖啡等我們去喝，但是在新塍，我們說，草白半路下車是明智的，因為我們捨不得早早離開，簡兒當然等不到我們了，因為此時咖啡的香味趕不及新塍之美了。於是記下這一筆新塍的感受，新塍是特別的。

登了一回胥山

小雨來約尋訪胥山，可是胥山還在嗎？

我曾在志書裏看到過對於胥山的記載，據說胥山在嘉興城東三十里處，因春秋時埋葬了名將伍子胥而得名。但是，埋葬伍子胥的地方有好幾處，時間過去了千百年，誰也不知道哪處是真哪處是假。

我也曾聽老嘉興人、作家陸明說起過胥山，他親身登過的胥山，有廟，有墓，有磨劍石，還有參天的樹木。胥山雖小，卻是一處美麗風景之所在。

我還看過朋友采菊尋找胥山的文字，雖然她見到的只是一潭水，卻不妨礙她對於胥山的感情。看過之後，我有些動容，我喜歡她筆下描繪的那些景致，各式樹等，尤其是野菜，我好像已經看見胥山四周各種青青的野菜了，實在是太可愛了。

我也約上紅，於是我們出發了。去之前，我告訴紅，帶上剪刀，那裏可有很多野菜的哦。

車出魏塘鎮不遠，向南沿著去嘉興的馬路，剛過了嘉善界，就看到公路上方，高高的路標上方寫著「胥山」的字樣。我們在一個紅綠燈的地方拐了進去，是鄉村的公路，很窄，很快到了一座小橋上，我們在小橋上停了下來，流水潺潺，樹木依依，花兒朵朵，真的美極了。我在一株紫荊花下拍照，紅說，這麼幾株有什麼好看的，這花我們小區可多啦。我嗆她，你們小區的花再多又有什麼用，這可是伍子塘的花，伍子塘哎！紅恍然大悟似地「哦」了一聲，小雨聽得我們這樣的對話，自顧在旁發笑。

然後繼續前進，行到一處高坡的地方，視野裏看不到什麼，我便問邊上的人，有一個胥山的水塘還在嗎？那人告訴我們怎麼怎麼走，我們便順著他的指點，返回了一程，拐進了另一條小路，這小路的路口也標著「胥山」的字樣，不久，真的看見一個不小的水塘，水塘景色不錯，放眼四周更是鄉景迷離。但因為事前看過采菊的文章，我知道這不是我們要找的地方，於是再問路，一個大伯帶著我們走了一段路，給我們看一個高高的煙囪說，到了煙囪腳下，就到了你們要找的地方。我已經基本知道，那煙囪的地方就是我們剛才到過的地方了。果然，又回到了最初到的地方，把車停下，走上高坡，我叫起來，就是那，看見了！

可是，這裏的空氣受到了嚴重的污染，高煙囪下是電鍍廠，我們不得不跑步前進，衝出那讓人窒息的空氣，到了上風向的綠地上，這才停下來。這就是我們要找的胥山嗎，這就是千年的留跡胥山嗎。原本不高的山，原本不大的山，此刻，只剩一潭水。你是沒有名字，那麼我叫你伍子潭好嗎？和不遠處的伍子塘姐妹相依，不亦是個好名字？

我們朝著潭望去，東邊和西邊的潭周都還剩下一些大石塊，是山基了。西邊現在還有一個小房子，是變電房。水是綠的，綠得讓人心裏發慌，不能細看，電鍍廠把這水給全部破壞了，除了水，這個水潭沒有什麼生命可以保留下來。還好，岸上還有野花在春風中盛開，還有一些作物，也是這片土地的倖存者。我們蹲下來，辨認腳下的花，有一株草很特別，開出野菊的花，又撐起蒲公英的球，原以為是兩珠草，卻是連成一體的。紅一定要拔出來看個明白，然後硬生生地摔在地上，這個動作讓我不安。但我們驚訝植物的多樣性。

可惜我們的剪刀白帶了，我們沒有看到野菜，就算有，又哪裡敢採去吃？

向東走，是成片的竹林。走過竹林，一方小廟獨守。門關著，透過洞開的牆窗，裏面供的正是名將伍子胥，香火猶存。據說，當胥山還是山的時候，山的西腳下有庵，又據說庵最初的存在可能是守墓用的，但是我不太相信伍子胥的墓過了千年還存在，所以守墓一說只能是人們美好的想像。庵的存在卻是合情合理的，因為歷代都心情不暢而又心思浩淼的的人，有些女人因為各種各樣的原因，雖然不滿俗世又留戀於世，於是想到出家，雖然想出家，離家太遠了也擔心，就近山中建所小庵與名將相伴再則修道養性也是蠻有情趣的。呵呵，想得好像有點遠了。那麼繼續走。

再往東還剩下一塊山基，走到近處，突然見到一塊石頭也巍巍的樣子，我們終於登上了胥山。這可憐的胥山，只剩下這一角了。山上野草依然茂盛，邊上一古樹突兀在天空下，四月明媚的天空下，古樹枝頭剛剛冒出一層毛茸茸的芽來，它是活的。生命的無限生機令我們在胥山的那一刻快樂著。縱然受到這樣嚴重的污染，胥山依然是有生命的，那千年不絕的靈魂，那胥山的靈魂，被這一株古樹招回了。每個生命固然有長短，胥山卻是不死！站在胥山上，站在風中，我們迎來胥山的又一個春天。

那來自遙遠的痕跡

我早就想去看嘉興馬家浜文化遺址了，但常常因為某些事而由不得自己的心，故一拖再拖。這次周日總算空了，傍晚時分，我帶上信爾匆匆趕往兄嫂家集合，我們一行五人向馬家浜駛去。

馬家浜我們只知大致的方位，就算看到了國道上的標誌牌往前行依然需要停下來問路，實在太難找了。當遙望四處，田野一片寂靜芳草漫漫時，我們只得朝僅有的一處村莊前行。但就在這個時候，我已經看到了，看到了遠遠地在夕陽西下中的幾根柱子，我對嫂子說，我敢保證那就是。我依稀記得報上有過差不多的圖片。

過了村莊不久，遠遠看見有幾塊石碑稀稀落落地豎立在有些荒涼的田野裏，看上去很是孤獨，又有些單調。兩個孩子早就跑到了石碑前東找西找地嘻嘻哈哈地。走近一看，上面有字，果真就是馬家浜遺址了，再看背面，還有金庸大俠的字跡呢。接著映入眼簾的便是一條彎彎的石板小道，這條蜿蜒的石板小道和剛才的這一組不規則豎立的石碑群，便是由嘉興青年雕塑家陸樂設計的景觀藝術：痕跡。

痕跡似乎很淡，它掩沒在荒蕪的野草叢裏，痕跡曲曲折折的，它不知伸向何方。天空不見鳥兒飛過，大地在這一刻靜默，只有孩子們清脆的笑聲。這一截截似石斧、石刀、石梨的石條，彷彿從遠古起就已經存在了，在這些個石條上，除了一兩個象徵遠古鑽石取火留下的洞的痕跡外，沒有其他特別的修飾。如此地簡約，又如此地粗獷而荒涼，不由地讓人感歎雕塑家的奇巧構思。

這時候，其實天也快晚了，當我們走向痕跡深處時，夕陽收起了它最後的一抹餘輝，思緒卻在晚風中飛揚。

在我們生活著的這片嘉禾大地上，如果不是馬家浜等地各處遺址被挖掘，有誰會想到七千年前的先人已經在這裏生生不息地生活著？他們用自己的雙手，磨出一把把的石器，製作了一個個的陶瓷，然後繼續用他們充滿智慧的頭腦和勤勞的雙手開懇了這片片的處女地，於是他們收穫了鹿馬、稻穀和魚，從而創造了輝煌燦爛的史前文明。

石板路的盡頭是一塊大石碑，頂部是馬家浜遺址出土的器物神人獸面像造型，下有金庸手書「江南文化之源」。向西遠眺，便是遠遠映入我眼簾的此刻已經因為近而變得很清晰的一根根圖騰柱。

時光如同在倒流，遠古，彷彿就在眼前。此刻，閉起雙眼，博物館裏一幅遠古的農耕圖浮現在眼前，有些陌生，又有些熟悉。

從石板路返回時，侄兒之舟叫嚷著走不了了，原來他穿著短褲的腳上有幾處血跡，是被路上的荊棘刺的，來時太過興奮，並沒覺察到。那曲曲折折的石板路，真的很像一條從久遠的原始延伸出來的痕跡，到處都是瘋長著的野草，甚至還有這一叢叢荊棘。

我確信，我更喜歡山

縣政協文史辦組織我們這些文史通訊員活動，到海鹽南北湖作一日遊。

要說做文史通訊員，我並不合適，連續再年，每年我只供稿兩篇。因為忙自己的事嘛，分身乏術。再說，人家那些文史通訊員大都年紀一大把了，我混在其中顯得太扎眼。稿子我寄的多半是舊的，寫那些時興趣還不在現代文學上，眼光也僅限於一時一地。今年總算新寫了一篇，是關於「東吳系女作家」西塘人湯雪華的，文采不夠自己滿意，但文史資料無需什麼文采，甚至沒有文采沒有作者的思想更好（為這事，去年的會上我還提出過這個問題），於是就用了。也算是好事一樁，希望能彌補一點《西塘鎮志》《嘉善縣誌》對這個「小姐作家」湯雪華不著一字的空白。

閒話少說，雖然作為通訊員並不合格，但是一聽說要出去走走，我馬上歡呼，只要走到外面，不問去哪裡，總是喜歡的，何況是南北湖呢？

說到南北湖，我馬上想到十多年前的經歷。那時我剛工作才一年多吧，被通知說去南北湖開會，也是系統內組織的筆會一類。我算是年紀最輕、資歷最淺的，因為一般都是辦公室的人參加，而我在最基層工作，那時系統內沒有公開發表作品的地方，正不知道他們是怎麼知道有我這樣一個人的，總之我去了。我第一次享受到那麼高規格的待遇，早餐天天有牛奶，晚上天天有舞會，住的是看上去最漂亮的別墅式賓館。

我還記得，每天早晨，我去爬山。山就在我們所住的賓館後面，當然更高的山應該是鷹窠頂那邊，但早上時間急忙，得趕緊上山，不然日出看不到怎麼行呢。天天爬山看日出不是很多人能做得到的，而四天裏我卻日日如此，晚上則寫日記。我幾乎可以肯定地說，我旅遊日記的習慣就是那年從南北湖開始的。

讓我從自己的另一個博客裏找出我那時寫的幾段日記來：

某日。坐在窗口，溫馨的舞曲伴隨著悠揚的舞姿，這是一個可人的夜晚。我望著窗外的山、窗外的湖，還有那山上的點點星火，任海風輕拂。

入夜，海風嗚嗚地叫著，無法平靜。

某日。清早醒來，已是太遲，匆匆洗漱完畢，帶上寫有「＊＊＊」的筆記本，爬山去。

好久不爬山，真累。

跳上至高點的大石頭，俯視楊山腳下的南北湖，眺望連綿不絕的山巒，知道世界原本就那麼大，天空原本就那樣廣闊。看遠方白茫茫的海，心也頓時變得很寬。

四人遊。天大熱汗淋漓。我謂眾兄：至雲岫庵燒香抽籤，心願足矣。雖非三步一跪，卻也虔誠。

某日。據說那白鷺洲就彷彿《聊齋》中的故事，而山頂的風更加重了這種色彩。

我後來固然又去過一次南北湖，但印象全然模糊了，唯一的印象那是我站在山頂遠眺迷人的海色。

南北湖，山、海、湖，在我記憶裏留有多麼深的印象，我知道，我的喜愛是自內心生發的。

這一次，我們從北門進入南北湖景區。先行參觀的是金九避難處、陳從周紀念館和黃源藏書樓。金九曾在此避難，他住過的載青別墅仍然在，陳從周因保護南北湖生態而有了紀念館，黃源則生在海鹽縣城武原鎮。我對黃源有些好感，五四那一代人嘛，是很特別的。我甚至在來的汽車上，還和一個朋友短信討論五四人的精神，朋友總說今人不會理解五四那一代人。我試圖想去觸摸這樣一個五四人的靈魂，但是導遊為了讓我們去蝴蝶島看新建的步鑫生什麼館，並沒有帶我們走進黃源藏書樓，我只好自己跑去匆匆一覽，因為匆忙，我自然沒有感受到什麼。

不久，蝴蝶島到了。一個小小的島上，我並沒有隨大家進去參觀步鑫生，而是去了那個塔上。塔是木塔，有幾分古典，遠得又有幾分威嚴。上得塔來，看遠山、看湖。沒有太陽，天色有些灰暗，遠山在湖中的倒影朦朦朧朧的，這情調不剛剛好嗎？如果太清晰了，一覽無餘之外，人們不免失望，朦朦朧朧正合了人們的心境，於是乎，這一片山水成就了這段心境。

然後是白鷺洲，誰說那是《聊齋》中的故事呢？白鷺已了無蹤跡。心情卻是那麼好，好得出奇。一行人緩緩地走，走在這個安靜的小島上。只覺得塵世遠了，只覺得煩惱不會再有，只覺得心是那樣的安詳。我說，我一連聲地說，我不想離開，不願離開。低頭看到的是一片一片的綠，遠眺則是連綿的起伏的山巒。我總想說，我太愛這起伏的山巒。這迷人的景觀，直讓人想成為隱士，長居於此。

為了滿足大家看山的願意，我們繼續往山中行。

白雲閣。那是我不曾到過的地方。「鳥向簷上飛，雲從窗裏出。」是這樣的意境吧。白雲繚繞的亭閣，應該是很高。只是天色不好，望不到海，但林中景色真是美不勝收。最美的在於各種各樣的樹，枝枝葉葉，層層疊疊，相互依偎，相互纏繞，綠色把個山坡裝飾得不留一點縫隙。生活在一片綠的天然的海洋中，能說不是幸福嗎？

我相信，沒有比山更讓我心動了。很多時候，我總在心裏計較著，我是更喜歡山呢，還是更喜歡水？這一次南北湖之行，我確信，我是更喜歡山的。想到金九避難處、陳從周紀念館和黃源藏書樓，因為處在山中，顯得更加幽靜了。我更喜歡山，誠如同行中一位老師所說的，水有水的柔情，山有山的穩重。但我喜歡的山不只是穩重，我喜歡的山還因為那山中的綠，因為這滿天的綠，撫慰著我的心頭，讓我倍感踏實，還因為這滿天的綠，理順了我的氣息，讓我覺得無比從容。我確信，我更喜歡山。

夜遊南湖

一兩年之前，我們系統內網的「風吧」上有人貼了篇〈夜遊南湖〉的文章。那個時候，我老在系統的內網介紹嘉興，介紹秀州書局什麼的，我那個系統的同仁，出差來嘉興，傍晚出去想找秀州書局不遇而借機夜遊了南湖。讀這樣的文字，一下子激起了我同樣想夜遊南湖的興致。

後來的一年中，我和朋友也好多次在晚上到過嘉興，朋友們聚餐之後便匆匆散去，始終沒想到要去看看夜幕下的南湖。幾個月前，我在嘉興參加單位組織的培訓，夜遊南湖的想法又變得強烈起來。有一次，我忍不住想找個人同去，同事卻都沒興趣，我便給家在嘉興的文友采菊發短信，問她空不空？想不想夜遊南湖？可她人在湖州。等到她回來之後，我們忙著聚餐，忙著訪問，夜遊的事我不再提起，而她一定並不記得了，想來，在常住嘉興的她看來，這是稀鬆平常的事，自然不會放在心上。

這一次，巴金研討會在嘉興召開了，沒想到我也成了其中的一員，那麼，是不是有機會夜遊南湖呢？我把這個想法告訴了上海巴金文學研究會的周立民兄，我想他難得來嘉興，一定也有興趣的。但他總是那麼忙，偶爾回覆我的郵件也總是匆匆的、三言兩語的，他不曾明確答覆過我。

研討會開幕的那天下午，會議結束之後，我和室友敲開復旦大學教授陳思和老師房間的門，請陳老師為我們簽名。我等待陳老師簽名之後邀請他夜遊南湖。這時，陳老師的學生羅興萍教授來了，她打趣說，啊，原來是追星族來了。誰知陳老師拿出一張他請人簽名的紅色卡片，我看見上面有丁聰八十九歲、黃苗子九十一歲、郁風八十九歲等字樣，還有不少人的簽名，呵呵，原來陳老師也追星啊，我一下子覺得好親切。這時羅教授在說晚上的安排，我聽到說陳老師晚上要去嘉興學院開講座，失望極了，但我還是說出了我的想法：陳老師，我是嘉興人，本想邀請你去夜遊南湖的。我還想說什麼，誰知陳老師接口就說，好的。這太意外了，我知道陳老師次日就要走的，但晚上不是還要去講學嗎？陳老師總不會分身法吧？我便又說，那我也去聽你的講學，陳老師又說，行。

簽名出來，室友去找她的同學。我便又拿了書找立民兄簽名，並且跟他說夜遊南湖的事。他說，要不你也一起去嘉興學院，如果結束早，我們再遊南湖。這實在是個好主意，我也是這麼想的呀。

晚飯吃得很匆忙，七點多，我們來到嘉興學院。會議室坐滿了老師和同學，他們很認真，我也一樣地認真，到底是難得有機會聽教授講學的，何況像陳老師這樣的知名學者呢。

已經挺晚了，同學們的興致依然高昂，提問不斷，陳老師也講得神彩飛揚，但我心裏盼著快點結束。九點多了，總算走出了會議室，我們很擔心陳老師會不會太累了。前些日子以來，他們一直忙碌著，沒能好好休息，現在又不早了，所以這時候我有些不敢提了，但當立民兄問起的時候，陳老師很爽快地說，就去南湖。我心裏太高興了，嘉興學院的富華老師駕車把我們帶到了會景園。

我們一直都覺得南湖很小，南湖小是因為湖心島太小，其實南湖本身並不小。我們走的只是會景園，南湖的一個角。遠望湖心島，煙雨樓在夜幕下閃耀著色彩斑斕的光。我是終於見到了夜色下的南湖了，竟也有些神秘，如果不是知道那個方位，還不一定能認出湖心島來呢。

走上石拱橋，走過一條伸向湖心的小路，我們來到了一個碼頭上，邊上的亭子裏一對戀人閒坐，他們並不介意我們在一旁聊談。文學和做學問自然是陳老師他們常常交流的內容，從車上到這裏一直沒停止過這類話題。趁此好機會，我也向陳老師提問，我的提問也許並不專業，那只是出於我的好奇，我想知道。我從立民兄的《巴金手冊》中知道陳老師第一次見到巴老是在一九八〇年，和他的同學李輝一起，我問他二十多年來巴老對他影響最大是什麼。陳老師緩緩地說，很大，很大，很大。他一連用了三個「很大」，語氣裏充滿了感慨，是沉浸到了對往事的回憶中了吧。我想這個時候他一定是又看到了活著的巴老，他們過去的無數次的交談吧。我不忍再說什麼，陳老師卻慢慢地說開了，撇開家庭影響、自身努力不說，從他的導師賈植芳教授說到巴老，巴老是怎樣地影響著他的人生，後來話題又從巴老說到了魯迅，大夥兒又說開了。

那對戀人終於走了，我們便轉移到亭子間，羅教授很開心，這個亭子暫總算時歸我們的啦。看著夜的南湖，坐著聊。夜清靜，湖清靜，心更是清靜。黑夜裏的湖水在我的眼裏是光潔的，沒有一點慾望，心就像湖水一樣地一塵不染。大家感歎嘉興真是個適合居住的城市，我們幾個中，只有富華老師住在嘉興，她當然是喜歡的。嘉興這個城市，不太繁雜，民間文化卻源遠流長，這便是生活在這裏的好處，平平淡淡卻又情趣盎然。有時候，我們對外界的渴望也許只是這麼淡淡的，平淡如水。

回來之後我繼續前日的旅行日記（這次會議權且也當作是旅行吧），記錄這一天的快樂。那真是快樂，沒想到我期盼已久的夜遊南湖是這樣的有意義。我不知道自己寫了多久，又做了些什麼，但當我睡下時，卻已近零點了。

湖州

莫干山之夏

夏日莫干山的夜晚和早晨都很別樣，那個時候顯得特別的涼快，風從無處不在的翠竹的葉面上掠過，從高大的青楓的枝頭拂過，從高高低低的石級上掃過。走在傍晚的山間的小道上，踩著遍地的竹葉，心在這一刻舒展著，伴隨著暮色而安寧著。當夜色終於籠罩了整個山頭時，只聽得四周蟬的鳴叫聲一片，此起彼伏地傳來，有鋪天蓋地之勢，兒子信爾的竹笛聲，侄兒舟舟的英語聲，都滙入了蟬聲中，被掩沒了，這山居的夜晚，讓人難忘。

清晨，迎著灰朦朦的天色，我們去看日出。曾經在冬日的黃山上看過雲海中的日出，在夏日的普陀看過東海上的日出，在秋日南北湖的山上看過幾次日出，現在看到了群山樹梢上、竹葉疏影後的日出，感受著旭日躍出雲層的那種期待與激蕩，讓自己沐浴在萬丈光芒之中，心潮起伏。生活在平原的我們，很多時候，想站在某個高度看一回日出已經成了奢望，莫干山讓我又享受了一回。非常幸運地，在日出之前，我們的鏡頭裏出現了月亮落山的倩影，大大地讓我們吃驚著、滿足著、興奮著。

然後坐在石級上，聽翠鳥的啾啾聲、蟬的鳴叫聲、山風吹過竹子的沙沙聲和遠處的雞鳴聲，清風陣陣，涼風習習，人在這時候無聲無息，只有大自然傳來的天籟之音，心就這樣地沉醉了，醉在山風裏竹徑邊。

在莫干山，享受不盡的是那遍地的修竹。我們總喜歡走到小徑深處，感受竹海美景。從這山到那山，從一條小道越過另一條小道，任外面陽光燦爛，我們閒閒自適。

莫干山的泉水無比清涼和透澈，尤以鶴啄泉為最。傳說有一隻為西母王傳信的仙鶴被惡人追趕不小心跌入莫干山的蘆花蕩，得開山老祖莫元及女兒莫邪所救。有一天，一條貪婪的鯉魚精將莫干山泉水吞入腹中，於是，山中大旱，天怒人怨。仙鶴為報恩，用其長嘴啄住那條鯉魚精，迫使鯉魚精把吞入腹中的山泉水噴射而出，還於山林，鶴啄泉從此成為莫干山上洶湧千古的名泉。孩子們用鶴啄泉的泉水嘻玩著，我喝著泉水，讓清涼從皮膚開始一直沁入心脾。

莫干山避暑之標誌性景區應該是蘆花蕩公園，一塊大大的山牆上刻有「清涼世界」四個大字，鶴啄泉就在附近。在這裏，古樹茂盛，濃蔭匝地，當靜下一顆心來坐著時，只覺得微風陣陣，感覺季節變了，夏天早就遠離了自己，是春天的煦風在撫慰人們，如此地舒適而隨意……

感受了莫干山之夏，感受了莫干山清涼的山風和山泉，難忘那山那水。

「麗水」

行走在山水間

漫漫來電話說要去遂昌，我意外之後滿是欣喜。意外是因為我原本沒有這樣的機會，全然是漫漫的爭取；欣喜是因為那兒不但有美麗的山水，還有多年來很相投的朋友流年和相識不久的小賴。山水與友情，於人生而言，都是滋潤心田的美酒，尤其得到兩全其美的機會，心中怎不快慰?!

流年已是多年的朋友了，那年我們在青田聚會，她因為家裏出事，沒能趕來參加，錯過了我們最初的相識，直到去年年底我們才有機會相遇。多年的相知相投，讓我們之間有了很多共同的話題。小賴雖然相識不長，聊起來也一樣投機。所以，當我們在飛石嶺的鏡湖這個美麗的地方再次相見時，我們兩兩擁抱著，快樂寫在每個人的臉上。鏡湖被稱為小九寨溝，那水一點不亞於我在照片上看到的九寨溝的水，鏡湖在我們的驚叫中安靜地流著，碧綠透亮的水，那是流淌在我們心中的友情啊，汩汩不息。

還有神龍谷，都是避暑的絕佳勝地。走在山中，已經想不起外面正暑氣逼人呢。小路的兩旁，都被高低不一的樹蔭覆蓋了，遠遠望去，漫山遍野都是醉人的綠。我的眼裏，到處是片片向上片片精神的各種不同的樹葉。流年不停地介紹著，這個叫什麼樹，這個開什麼花，這又會結什麼果。果然，不一會兒，她指給我們看，一棵樹上居然綴了十多隻小小的獼猴桃。原來獼猴桃是長在這種樹上的，之前，我只知道獼猴桃太好吃了，從來沒想過它成長所依賴的母體。漫漫替我摘下獼猴桃如蒲扇般的葉子，我要帶回家留做紀念。多年之後，當我看到這片葉子時，我就會想到這一天，想到神龍谷。

路旁總有不知名的青的紅的果子映入眼裏，流年採來了給我，我像是一個被人寵著的小女孩，享受著被人寵愛的喜悅。

神龍谷的瀑布是神龍谷的一大特色。這三段上下相連的瀑布，給原本安靜的山林增加了熱鬧的氣息。我們很近很近地靠近瀑布，讓細小的水珠融化在自己身上，感受著那份與山風一樣的清涼。

熱鬧的不止是瀑布，還有知了。為什麼這種知了發出的叫聲都是顫音呢？我們水鄉的知了可沒那麼好聽啊。原來這和知了的生長習性有關，這種知了是松木上的，而且還是有色彩的。可惜知了都隱在葉子後面，我們看不到。這讓我想起小時候捉知了的情景：一根長長的竹杆上，我們找來有著細小網眼的袋子安上，留出一個口，當看到知了之後，慢慢地將網袋移過去，迅速地罩住，知了便在網袋裏了。這是我們小時候的拿手好戲。有時還會抓到剛剛脫了殼的知了，白白的膚色，一副弱不禁風的樣子。

想起兒時，再看看眼前，都是非常美的景象。生命的無限意義就是在這平凡的點點滴滴中湧現的，常常是一個小小的細節，就會讓人動容。

最興奮的是神龍谷一帶的漂流。也有過幾次漂流的經歷，常常是幾個人坐在竹排上，大同小異，無法留下深刻的印象，而這次的漂流，卻是那樣與眾不同，居然險象迭生。是兩個人一隻橡皮艇，每人手執一槳，自己控制，到激流的地方，便雙手緊緊抓住兩旁，任橡皮艇被激流衝擊著前行。水很急，浪頭不時地打濕了衣服，驚叫聲此起彼伏。有一陣子我們眼看小艇已經被浪沖得豎起了，要翻身，還好，最後也還安然無恙。還有一次，一塊大石頭在眼前，我們眼睜睜地看著橡皮艇朝大石頭衝去，只有驚呆，全然忘記了要動手把這個不安全因素排除掉。還有好幾次，我們的小艇擱淺了，我和漫漫使盡力氣，好不容易才讓小艇回到航道上來。回想起來，這次的漂流，是這樣的驚險、刺激，真夠味的。我們這才信服，流年為什麼極力鼓動我們去漂，原本我們還真沒什麼興致呢。

流年和我是屬於兩種完全不同類型的人，晚餐的時候，她不停地乾杯，那麼豪爽讓人吃驚，她的豪爽也帶動了漫漫，甚至也帶動了我——我是向來不會喝酒的也不敢喝酒的，因為有過幾次喝醉的經歷。但在她的影響下，我們差不多又要醉了。這個時候我很希望自己也能喝酒，真想多喝點酒，而不是只喝那麼一點點，真不過癮啊。

這次意外的相聚，因為幾個人處在一塊兒，我們熱烈地給遠方共同的朋友打電話，又相約下次相聚的事。那次我們在青田熱熱鬧鬧地玩、盡興地閒聊，流年只能留下遺憾，而今她要彌補這個遺憾。因為冊子曾來電話邀請我們再去青田，我說那就再去打擾他們一次吧，還客氣什麼呀。再說，臨海的小紅、溫州的鵑子到青田也方便，數我和漫漫最遠一點，可是趕這麼長的路我們也是太樂意了。無疑，這次我們一個很大的收穫便是約定再次的相聚。有友情支持著，相會總是能夠實現的！

青田石門洞

我和同伴抵達青田已是晚上十點多了，這天晚上我們興奮地聊著，很晚了才歇下，至於次日的行程，一無所知。

第二天起來，我們問臨時做領隊的小葉上哪兒去玩？小葉說，石門洞。

我一聽，心想完了。好多年以前，我就已經厭倦了那些洞，金華的雙龍洞是我最早見到岩洞，感覺還可，後來去蘭溪看也是岩洞的地下長河，又看桐廬的瑤琳仙境，張家界的黃龍洞……感覺裏是大同小異的，我真的不想去看了。無奈客隨主便，他們那樣熱情，我只好不聲不響跟隨其後。

汽車在飛馳，感覺走了好遠，總算在甌江邊的一個渡口停下了。甌江的水碧綠碧綠的，再抬頭遠望對岸，兩座山像門戶一樣地巍巍然聳立著，全身披著綠，全然一副青翠欲滴的樣子。大家驚呼起來，景色好美。趕緊取出相機照個不停，竟沒時間瞭解關於石門洞的一些背景。

到了對面，放慢了腳步，聽也是當地的小陳介紹，這才知道石門洞是明朝政治家、軍事家劉基讀書的地方，為石門洞書院，後人為了紀念劉基，改成了劉基祠。於是我們便去看書院，據說劉基青年時代在這裏跟隨老師學習。石門洞書院不大，且狹狹的，到是有幾進的，書院已經破落了，實在很不起眼，只是庭院中一株紫玉蘭開得正盛，藍兒走到了樹下仰觀美景，即刻成了我們相機中的風景。

風從窄窄的書院吹過，溫和地吹拂著每個人的臉，心不由得歌唱著、飛翔著……

書院的後面，是一片菜地，只因小陳說那裏有一塊石碑，我們決意地去看看。走近菜叢中的土坡，果見一方碑石孤獨地立在那兒，我們上去仔細辨認，在小陳的指點下，摩挲著石碑，總算看清了，碑上刻有「劉文成公讀書處」幾個字。文成公大約是皇帝後來封的吧，古人常常這樣的，但又聽小陳說，劉基的出生地原屬青田，現劃歸文成縣，我當時大意，意沒搞清文成公的來由。

一路之上，小陳還有另一位同行的小劉不停地為我們介紹，在一塊大石頭前，小劉說起劉基作戰的神話，在一次雙方力量懸殊的情況下，劉基打開了這塊大石頭上的圓門，他的部隊就此從這裏消失了。在這塊大石頭上，至今還遺留著門的痕跡呢，清清楚楚的。

石門洞最美的景觀在它的瀑布，那瀑布從高高的山崖飛流直下，奔入潭中，冬夏不竭。李白詩云：「瀑布掛北斗，莫窮此水端。噴壁灑素雪，空蒙生晝寒。」我們時而遙望瀑布，時而走近瀑布，直想把心融入那深藍的潭水中。在瀑布的邊上和山的絕壁上，滿綴南朝宋以來的摩崖題刻。當年劉基常在此消暑，至今遺有國師床。

在我們走了大半個山頭的時候，我忽然想起一事，不是說石門洞嗎？怎麼遊了那麼長時間，到現在還不見洞呢？小陳小葉他們就笑了，我們不就走在洞裏？原來，入口處的鐘山鼓山崇崖壁立，對峙如門，石門洞因此得名。這真是「不識廬山真面目，只緣身在此山中」。

出得石門洞時，路過問津亭。問津亭上有一對聯為：有門無門是為佛門，似洞非洞適成仙洞。這不又一次解了我剛才的疑問？聽小陳說，前浙江省財政廳廳長翁禮華對此聯備為推崇呢。亭的另一面題有「別有天」，也有一聯：漁父不來桃花何處，空亭小坐流水自閒。但我似乎更喜歡後面的一聯，我們走在石門洞，正像當年漁父入桃源，心情怡悅，悠然自得。

別了石門洞已好久，至今念念不忘。那青翠的山，那碧綠的水，那淨化靈魂的風，一切還是那麼近、那麼近地在眼前飄忽……

「衢州」

衢州孔氏家庙
纪念孔子诞辰2555
Commemorating the 2555th Anniversary of

孔廟的書香和秋色

說來有些遺憾，我曾兩次計畫去山東曲阜，都因縣裏的旅行社沒有開闢這條散客旅遊線路而不得不放棄。讀過錢穆和陳升寫的《孔子傳》，看過幾種不同版本的《論語》，想拜謁孔聖人的心一直就很熱，然機會於我卻總是那麼吝惜。湊巧的是，國慶前夕，衢州的好友玲兒來電話盛情邀請我去她那兒，我一聽，喜極了，來不及客套，一口答應下來。學生時代曾隨玲兒去過一次衢州，我知道那裏不單有我的好友，還有一方聖地——孔廟，於是國慶期間，我們一家欣然前往。

神州大地，各處孔廟可謂多矣，然衢州的孔廟有其特別之處，那是孔氏的家廟。孔氏家廟，天下唯二，北在山東曲阜，南在浙江衢州。北宋末年，金兵南下，孔子四十八世嫡長孫衍聖公孔端友負子貢手摹孔子及夫人楷木像、唐吳道子所繪孔子行教像，從宋高宗趙構南渡，賜居衢州，建家廟，襲封爵，奉祠祀。借了聖人的福氣，衢州大地從此光芒四溢。

有時候記憶總是固執地停留在某個點，譬如衢州孔廟的銀杏樹。想起來，那已是非常遙遠的事情了，我和我的學友隨著玲兒一起到了衢州，我們爬了山、抽了簽、吃了橘子，當然玲兒還忘不了帶我們去孔廟。孔廟的大門敞開著，一跨進高高的門檻，我被眼前的景色勾住了，那是一幅怎樣美妙的圖畫：遍地都是金色的葉片，像一面面的小扇子，有的在地上打著轉，有的在空中飛舞，有的一片疊著另一片——純粹的色彩帶來的視覺的衝擊，竟讓我在十六年後的今天依然念念不忘——然後我們輕輕地踩過這些落葉，走進大成殿，走向孔子塑像，拜祭先聖，試圖也把自己融入一個博大精深的世界中……

大成殿孔子一身帝王裝束，兩側的伯魚和子思塑像也栩栩如生，殿內分別有雍正和康熙題寫的匾額：生民未有和萬世師表。孔廟其他建築也不少，如今除了孔廟，還有孔府、孔園。這是一個桂花飄香的季節，走在那裏，芬芳的清香伴隨著文氣在空中肆意飛揚，讓人著迷。

孔園也有些特別，那一汪池水有個很雅致的名稱：讀書塘。我們在讀書塘四周慢步，閒談，享受滿園的秋色秋意。只可惜沒有足夠的時間讓我們坐下來靜靜地讀會兒書，但居然也很滿足。能夠幸運地又一次來到孔廟，哪有不滿足的道理呢？

孔廟的門票相當有創意，這次是《孟子》的下部，火柴盒大小，線裝豎排，另配有景點簡介。聽玲兒說，先前是半部《論語》。我還是第一次看到這樣獨特的門票，連忙藏好。想來，在讀書塘邊上，肯定有人手持半部《論語》或《孟子》讀過書的，這情調真是好。

孔廟大門外的車一輛接一輛地停著，我去看看車牌，滬魯豫津粵浙，真是不少。我想，不管地有多遠，人們追隨、敬仰孔子的心情是同樣熱切的，這便是孔子及其倡導的儒學的魅力吧。

「紹興」

白馬湖

一早上火車再轉汽車，到新昌已是十一點了。同學驅車來接我，然後直奔大佛寺，待到出來，已是下午一點了。飯後，同學送我搭上了往上虞的車，讓我去找那裏的同學，說這樣去白馬湖就不用費力了。

我想正是，以前我在嘉興尋訪名人故居的時候，找得那麼累，是因為沒有嚮導，現在有現成的嚮導，我怎麼能錯過這麼個好機會呢？

沒想到的是，多年不見，同學已成了少有的大官。也正因為這樣，他很忙，此刻正在辦公室加班。我原想，如果他有空，就讓他陪陪，如果沒空，也不便打擾。但我的想法過於天真，同學覺得我大老遠跑來找他，又是多年不見，怎麼能因為忙就不陪了呢。所以當我問他的時候，他說沒問題，馬上去白馬湖。

去白馬湖的路上，因為興奮地說著這幾年來同學間的情況，我根本就沒有注意到窗外的景色。一路上都是山嗎？一路上也有水嗎？一路上天空藍嗎？一路上是否有青草陪伴？啊，這些窗外的風景，此刻已經不重要了。我還問同學，在他們的縣城百官鎮上，新月派詩人陳夢家的老家是否還在？這是我非常感興趣的，如果還在的話，一定也要去看看的。當然我事先已經隱隱地知道，這是不存在了，但萬一呢？「萬一」是個非常奇妙的東西，他會讓人驚奇無比。可是，這裏似乎不存在「萬一」，我的心頗有一點點失落。

不久，車到春暉中學，同學的朋友、一個副校長陪著我們。從新校區到老校區，有挺長的一段路，校長讓我們坐上電動車——通常在旅遊景點才見到的那種遊覽車，穿越校園，很快就看到了一角湖水，校長說，這便是白馬湖的一部分了。

但隨即，校長帶我們走進老校區，老校區的每座建築，都有一個名字。首先映入眼簾的是當年的白馬湖圖書館，接著是曲院。曲院是開校時的學生和教師的宿舍樓，呈凹字形，同學介紹說，這裏曾是電視劇《圍城》「三閭大學」的拍攝點。可不是嘛，我眼一花，似乎看見方鴻漸穿著長衫走過，多麼熟悉的場景啊。再看一間間房間，我問校長，為什麼這裏每一間都貼著寫了人名的字條？校長說，現在，這一間間房間，都是一個個陳列室，門上貼了誰的名字，就是陳列了他的內容。呵呵，蠻有意思的，房間很多，人很多，一個名字都是那麼引人注目：經亨頤、夏丏尊、豐子愷、朱自清、朱光潛、匡互生、吳夢非等，這就是春暉中學的不同凡響，這就是春暉中學的氣魄之所在！

走過曲院，是長廊，然後是作為實驗樓的矩堂，那邊還有一字樓、仰山樓等。

我們走出老校門，走過古樸的春暉橋，折向右走，那便是白馬湖，坐落在山腳下面向白馬湖的，是一排相連的平房，當年朱自清豐子愷他們就住在這裏。

啊，白馬湖，多年前我早就從朱自清〈春暉的一月〉裏見識了你。朱自清到春暉的第一天，是個陰天，他這樣寫道：「山的容光，被雲霧遮了一半，彷彿淡妝的姑娘。但三面映照起來，也就青得可以了，映在湖裏，白馬湖裏，接著水光，卻另有一番妙景。我右手是個小湖，左手是個大湖。湖有這樣大，使我自己覺得小了。湖水有這樣滿，彷彿要漫到我的腳下。湖在山的趾邊，山在湖的唇邊；他倆這樣親密，湖將山全吞下去了。吞的是青的，吐的是綠的，那軟軟的綠呀，綠的是一片，綠的卻不安於一片；它無端的皺起來了。如絮的微痕，界出無數片的綠；閃閃閃閃的，像好看的眼睛。湖邊繫著一隻小船，四面卻沒有一個人，我聽見自己的呼吸。想起『野渡無人舟自橫』的詩，真覺物我雙忘了。」

我更從朱自清的〈白馬湖〉一文裏瞭解了你。白馬湖，那「湖光山色從門裏從牆頭進來，到我們窗前、桌上。」—「白馬湖的春日自然最好。山是青得要滴下來，水是滿滿的、軟軟的。小馬路的兩邊，一株間一株地種著小桃與楊柳。小桃上各綴著幾朵重瓣的紅花，像夜空的疏星。楊柳在暖風裏不住地搖曳。在這路上走著，時而聽見銳而長的火車的笛聲是別有風味的。在春天，不論是晴是雨，是月夜是黑夜，白馬湖都好。——雨中田裏菜花的顏色最早鮮豔；黑夜雖什麼不見，但可靜靜地受用春天的力量。」

我向白馬湖望去，感受著朱自清筆下湖水的「軟」：柳條是軟的，柔軟在陣陣的微風裏，這一樹一樹的柳枝，終於成了豐子愷筆下的楊柳傳唱至今；水波是軟的，水波被倒映的樹枝拂動著，畫出一圈圈的波紋，向外擴散著；遠方的山巒是軟的，被雲煙籠罩著，山巒起伏不定，山水相依相偎，堅定的是山的外表，他的心其實也是軟的。

白馬湖也是安靜的，也是從容的，她一點不張揚，就像一個內秀的少女，以自己的清純，迷醉了行人的眼。

這就是白馬湖啊，當我站在這裏的時候，我有一種奇異的感覺，這是在別的地方很少有過的。在白馬湖還未建春暉中學的時候，白馬湖雖然景致很美，雖然帶了一點傳奇，但這種美這類傳奇故事，並不是別處沒有——自從有了春暉中學，白馬湖不再是個尋常的湖了：白馬湖的湖光被春暉染了色，那是怎樣厚重的一筆啊。

一九二〇年，朱自清提前從北京大學哲學系畢業後，先赴杭州浙江省立第一師範任教，至一九二四年三月到春暉中學兼課，這中間，他先後在多所學校任教，蹤跡遍佈浙東南山區。朱自清到春暉中學兼任國文教員，時值他在寧波第四中學任教，從春暉所在的驛亭站到寧波的火車裏，總有他來來往往的身影，而這時，他的妻小還遠在溫州。一個月後，一九二四年四月，朱自清與上海的葉聖陶、劉大白，北京的俞平伯、顧頡剛，在白馬湖的豐子愷，寧波的劉延陵以及浙江一師的畢業生潘漠華等人，成立了「我們社」，朱自清和俞平伯負責主編《我們》雜誌。這年七月，第一本雜誌問世，取名《我們的七月》。豐子愷公開發表的第一幅漫畫《人散後，一鉤新月天如水》就發表在這個雜誌上，於是有了後來子愷漫畫的聲名遠揚。

好友俞平伯曾到白馬湖看朱自清，那天，俞平伯旁聽了朱自清的課，對老朋友認真的教學態度十分稱頌。晚上，他們冒雨到夏丏尊進晚餐。回去後，俞平伯寫就〈憶白馬湖寧波舊遊〉，記他在夏丏尊家晚宴後和朱自清籠燭晚歸的閒情，他寫得情趣盎然：「飯後偕佩弦籠燭而歸，長風引波，微風耀之。躑躅郊野間，紙傘上沙沙作響，趣味殊佳，惟苦冷與濕耳，歸寓暢談至午夜始睡。」當時朱自清還不曾搬來與夏翁做鄰居。

一九二四年十月，朱自清把家眷遷來白馬湖，後來豐子愷還為朱自清的女兒采芷畫了一幅漫畫，由夏丏尊題字。很多次，他們會聚在夏丏尊家裏喝酒，有一次，還看了夏丏尊所藏的名家書畫。有時，他們會相偕登山。當時，朱光潛也在春暉中學，他們同姓又年齡身材相仿，有人把他們當做兄弟，或者是張冠李戴。

朱自清也曾帶領學生去杭州旅行，在杭州，和老友俞平伯相見，當然是非常愉快的，雖然學生中起了一點糾紛，但也很快過去了。

還有一次，朱自清帶了大兒子上百官鎮，回來是乘腳划船的，父子兩個都覺得很有趣。

這一段時期，算起來，是朱自清心情比較愉快的。可是，很快，春暉中學起了風潮，匡互生、豐子愷、夏丏尊、朱光潛等人集體辭職離開春暉。朱自清雖然還留在白馬湖，但沒有了那些志同道合的朋友，他心中不免失落。終於，一九二五年八月，朱自清北上清華任教，把妻兒留在白馬湖。一年半後，一九二七年一月，朱自清遷家北上，因四個孩子無法照顧，將老大和老三送回揚州，帶老二采芷和生在白馬湖的老四閏生回清華。有一年中秋夜，朱自清寫下舊體詩〈中秋月〉：

孤光今夜迴，照水倍分明。
豔曲聞鶯囀，微風睹艇輕。
床空餘瘦影，砌冷起蛩聲。
破鏡飛天上，刀頭何日賡？

妻子到清華後，幾次跟朱自清說起她和兒女在白馬湖那些孤獨的日子，朱自清追記這個情景，忍不住淚水橫流。

朱自清到清華後不久還曾寫過一首新詩〈我的南方〉：「我的南方，／我的南方，／那兒是山鄉水鄉！／那兒是醉鄉夢鄉！／年來的彷徨，／羽毛般飛揚！」這是怎樣複雜的心情。這南方的五年，是朱自清人生顛簸的五年。

我在回到家後，迫不及待地翻開《朱自清全集》，讀起了他這一時期的日記，生活的苦難讓他一個窮書生幾乎不能應付，借錢借米過日子，奔波於火車中，但是友情、文學這些安慰他心靈的精神食糧總是鼓舞著他，白馬湖帶給他的心情至少還是愉快的！

弘一大師在一九二三到一九二五年連續三年三次光臨白馬湖，一九二九年他的「晚晴山房」落成，有連續四年他都來晚晴山房小住。我從照片上看到，晚晴山房是單獨坐落在一個小山坡上的，其西面原本還有何香凝的蓼花居、首任春暉校長經亨頤的長松山房等。

新月派後起詩人陳夢家回百官鎮時也到了白馬湖，他寫下〈白馬湖〉一詩。那時他還只是中央大學的學生，但他的《夢家詩集》一出，在當時已經名滿天下了。

到過白馬湖的名人還有很多，蔡元培、陳望道、劉大白、張聞天、柳亞子、張大千、黃賓虹、葉聖陶、胡愈之、廖承志等，大批名流紛紛到白馬湖觀摩、考察、講學，春暉中學一時名聲鵲起，博得「北有南開，南有春暉」的讚譽。

如今，這些建築——夏丏尊的平屋、豐子愷的「小楊柳屋」、朱自清舊居等，都還保留著原貌。可惜我來的不是時候，學校放假，門關著，我只能從外面雕花的視窗處窺視——只見園中綠意一片。

被名士氣映染過的白馬湖從此有了她與眾不同的一面，所以我無法不感到奇異。有著傳奇色彩的白馬湖，竟有如此大的威力使得群賢畢至，能不讓人感慨？這是一個圍繞白馬湖而成的作家群，他們在教書之餘，為自己的理想奮鬥著。個人比之於天地，原本渺小得很，但一個個豐富多彩的生命聚集在一起，他們便成了一座山，讓過往者仰望，他們留下萬年的蹤跡，讓後來者一遍遍地尋訪……

我常想，如果沒有春暉的一班文人雅士，白馬湖再美不會這麼光彩奪目，又如果沒有朱自清等人的文章傳誦，白馬湖可能也不會為眾人所知吧。所以，我特地留意了朱自清在這裏的生活。

站在白馬湖邊，我讓同學拍下白馬湖的照片，我要帶一縷白馬湖的傳奇回去。

告別白馬湖，吃過晚飯，要回去了，同學熱情地邀請我下次再來，但他提醒我，下次一定要事先聯繫，這樣好有充足的時間安排。我說一定一定！下次我還想去看看平屋、小楊柳屋等那裏面的一個個有著豐富世界的一面呢。那麼我期待著！

「上海」

走進巴金故居

二〇一一年十二月一日到二日，第十屆巴金國際學術研討會在上海舉行。一日上午，研討會開幕式之後，根據安排，與會代表參加了巴金故居。而對社會公眾的開放則從二日開始。

迎著初冬的陽光，踩著金色的落葉，我們走進武康路一一三號巴金故居。這是一幢漂亮的花園式洋房。

從洋房的北門進入。首先看到的是一間不大的門廳，正前面掛著一幅巴老開懷歡笑的照片，另一面牆上，掛著一大幅畫家黃永玉先生畫的紅梅叢中的巴金像，畫上並配有黃永玉的詩〈你是誰〉。

在研討會的開幕式上，我們已經聆聽了黃永玉先生用他堅實的聲音朗誦的他的散文〈巴先生〉，現在又看到他的畫作和詩作，對老畫家有了深切的好感。畫家對他的創作對象有著敏銳的洞察力。在我們還沒有看到這幅畫前，作家李輝談起黃永玉創作的故事：畫之前，他說要畫出豎起頭髮的巴金。畫成之後，一位作家（黃裳？）看了畫之後，對黃永玉的畫作讚不絕口，並且特地說到畫像中巴金的頭髮，認為與巴金表現出來的性格非常吻合。這是畫家與作家共同的感受。

從門廳過去，右邊一間是客廳。雖是客廳，很顯眼的是一旁的幾個大書櫃，把整個牆壁都「霸佔」了，書櫃裏放滿了成套的著作。客廳中間，沙發圍成一圈，這讓我想到巴金和朋友們劫後重逢的照片，一九七七年，為慶祝《家》重新出版，巴金弟弟李濟生，摯友師陀、孔羅蓀、張樂平、王西彥、柯靈等來到巴金的家，這間客廳留下了他們永恆的微笑。

巴金從一九五五年九月起遷入這幢洋房的，在他遷入新居的次月，法國作家薩特和他的戀人、女權主義的奠基人波伏瓦走進了這間客廳。從巴金遷入到他逝世，在五十年的風雨歲月中，這間客廳，迎來送往多少國際的、國內的知名人士和普通朋友。

這一天，我們也走進了這間客廳。坐在沙發上，和專家、朋友合影，再回想老照片裏的風景，有著無限美好的感覺。不過，晚上吃飯時才知道，我們作為這次的會議代表，是被特別允許的，因為當二日故居正式對社會公眾試開放時，這間客廳從沙發週邊會被攔起來，和很多其他名人故居一樣，參觀者只在局部區域內參觀客廳，當然更不能像我們這樣隨意地坐在沙發上了。

客廳外面的走廊是封起來的，巴金稱作「太陽間」，晚年的巴金因為腿腳不便，常在太陽間寫作、沉思，《隨想錄》的後兩卷便是在這裏創作的。「文革」期間，沈從文來上海看病，悄悄地來武康路看望老友，兩人在太陽間歡談許久。

門廳的左邊一間，過去是巴金妹妹的臥室，現在則佈置成展廳，其中有巴金榮獲義大利「但丁國際獎」的紀念物、蘇聯「人民友誼勳章」、「巴金星」的命名證書等等。當我走進展廳時，看到有兩個人特別認真，陳子善教授幾乎是把臉貼在玻璃上看下面的書，章潔思老師正在作記錄。

二樓的左邊是臥室，一張大床，床頭正中擺著一張蕭珊的黑白照。邊上一張小床，是外孫女端端的。巴金在〈再說端端〉一文中這樣描寫：「每天清早她六點起床後就過來給我穿好襪子，輕輕地說聲『再見』，然後一個人走下樓去。……她不會想到每天早晨那一聲『再見』讓我的心感到多麼暖和。」這裏彌漫了一屋子的親情。

二樓右邊是書房。

邊上也是一整牆的書櫥，存放的是巴老自己作品的各種版本。和很多名人故居不同的是，這些書，都是參觀者可以隨手取到的。這讓我感到驚訝不已。我到過很多名人故居，那裏的書，凡是原物都是封起來的，可以拿到的書，最多是一張封面紙寫了個書名，裏面的是空白紙。這裏卻還留有那麼多巴老自己的藏書，這太不一樣了。除了靠牆的一排書櫃外，還有幾隻書櫥也都裝滿了書。書桌上，已經清理乾淨。看過很多巴老在書房讀書、寫作的照片，他是陷在書堆裏的。書是這方世界的主人，他是書的主人，他和書籍相互依存，共同發光。

書房外的走廊也是封起來的，同樣放了書桌、書櫥、書架等，是巴老白天喜歡待的地方。巴老在這兩張書桌上，寫出了《友誼集》、《讚歌集》、《傾訴不盡的感情》等散文集，晚年巨著《隨想錄》的前三卷也是在這裏完成的。

書房的壁爐上，放著一尊巴老的塑像，出自蘇聯雕塑家謝里漢諾夫之手，巴老對這尊塑像非常滿意。

自然，書房裏也充滿了生活的情趣，有一張照片是巴金和兒子李小棠在書房的茶几上下象棋，妻子蕭珊和女兒李小林在一旁觀戰，一家四口其樂融融。

三樓是一個很大的閣樓，巴金是做了大書庫用的。幾排的書櫃中至今還擺著很多發黃的書報刊物等。平時三樓不對公眾開放，而只對學者開放，作研究之用。

這是一個書的海洋。從成堆成堆的書中清理出現在這個有序的樣子，不知是花了多少時間和精力的。曾幾次聽巴金故居常務副館長周立民說起整理工作的繁重，無數的書刊、信件、照片等，都需要一一去清理、登記（據不完全統計，整理出僅圖書、書稿、書信及各類文獻資料就有五百一十箱，其他藝術品、生活用品等同樣不計其數），甚至去年他到成都參加第八屆全國民間讀書會時，在上飛機前的一個小時，他才剛剛走出故居的大門，他是飛奔趕往虹橋機場的。偶爾聽他說起這些時，心裏總是很欽佩他對工作的投入，是太投入了，這種忘我的、無私的精神，在現在這樣功利的社會，已經很難再見到。我有時想，是巴金的精神鼓舞著他們無私地奉獻自己的光和熱，他們身上閃閃發光的，同樣是延續了巴金的這種精神。

從三樓下來，正聽得周立民在對冰心女兒吳青教授及很多記者說起這裏發生的故事，他說，這裏的物件都照著原樣陳列的。這時他指著二樓轉角處的一個非常厚重的櫃子說，這是曹禺送給巴老的。

故居的南面是一個小院，初冬的陽光下，草木青翠。記憶裏有一幅蕭珊逗小狗包弟的照片，就是在這片草地上，還有一幅巴老高高地舉起外孫女端端的照片。這片草地充滿了生活的快樂情趣。而這一天，我們就在草地上合影，留下一個永久的印記。

我們在上午參觀之後，下午，巴金故居修繕工程竣工儀式舉行，故居迎來各級政府官員的視察。學者先於官員參觀，這是巴金研究會一直堅持的做法。我們真是太幸運了，參觀了一個完整的巴金故居。

關於巴金故居的來歷，一向不為眾人所知。不過，這次外界終於弄明白了真相。這幢洋房最早的主人是英國人毛特寶•林海，曾是前蘇聯駐滬領事館商務代表處代表，他回國後，房產委託丹麥人照看，後曾經進駐蘇聯駐華商務代表處等機構。後來巴金一家遷入，是買的還是租的？沒有確實的證據，到底說不明白。然而，在這次故居整理過程中，偶然發現了當年巴老交付租金的合同，這才確定當年巴金一家是租房入住的。

風雨半個世紀之後，巴金故居活生生地展示在眾人面前，文脈在這裏得到延續……

在復旦尋訪

我喜歡各處尋訪，尋訪自己感興趣的但也許已經消失了的風景，哪怕僅是一點痕跡也不在乎。

我在復旦的尋訪是從傍晚開始的。那天，巴金文獻資料整理與研究座談會結束後，我們一行人前往琴儀會用餐，路上，華師大羅崗教授對我說，現在你可以去尋訪方令孺故居了，因為上午我沒來得及去。我本想等菜一上來，抓緊吃點再去。誰知坐了一陣，還不見上菜，我想羅崗教授的建議真不錯，於是拿了地圖和相機就溜出去了。

事前做了功課，知道方令孺當年住的徐匯村現在是復旦二舍，而二舍在國年路、政修路口，找到那個路口就行了。

雖然我幾次到過復旦，雖然白天剛從國年路、國權路這個方向走過，但我這人沒方向感，一走出屋子就分不清東西南北。只知道這時在邯鄲路上，而政修路和邯鄲路平行，那麼只要知道國年路就行了。趕緊逮了個行人問，國年路朝哪個方向走？可是那人笑笑，並沒有立即給我指路，他說你手裏不是有地圖嗎？看看地圖不就知道了？我想壞了，他也不知道。心裏著急，於是我就問他東西方向，然後我指著一個方向說，應該是那邊去吧。他一定要在地圖上找到國年路，我說我要走了，他還是笑，說，你走錯了可不能怪我的，不能怪我的。他笑著，重複著。我看他說得誠懇，有點猶豫了。他終於在地圖找到了國年路，然後朝我剛才所指相反的方向一指，讓我朝那邊去。原來剛才我把大方向搞錯了。一路上想，復旦人真不錯，那麼友好。

我很快就找到了二舍，二舍門口坐了一排老頭老太，他們對我的提問一無所知。我就問，這裏還有平房。當年方令孺住的是日本人建的平房。然後他們一指前面說，喏，平房就剩下這兩幢了。這時我憶起了蕭乾文章中的片斷，他到了復旦，在徐滙村住下，隔壁就是方令孺的居舍，房子是日式建築，裏面的陳設也有榻榻米。好像胡風也住徐滙村，賈植芳則在回憶錄裏提到，他陪舒蕪到徐滙村訪九姑。有些恍惚，記憶並不清晰，畢竟，紙上的那些往事與我無關，且已經非常遙遠。

我又逮了個行人問，恰巧是一個教授，他告訴我，當年方令孺是住在這一帶平房，但具體哪一幢就不清楚了，是拆了還是保留著的其中一幢就不得而知了。

如今這兩幢現存的平房，一幢做了居委會辦公室，另一幢也還是住人的。兩幢日式建築掩在叢樹中，我想參觀一下到底有什麼不同，因為我看到的日式平房一點不像我們所說的平房，卻像是兩層的小洋房，但門是關著的，只能拍下照片留作紀念。

我想起以前尋訪故居的艱難，這麼容易就找到了目的地似乎很意外，又閒談了一陣。聽教授說，二舍對面是一舍，就是原來的廬山村，那裏曾經住過朱東潤、郭紹虞等教授，他似乎還提到了陳省身，而且他說那些老房子還在。我想，那麼也去看看吧。一舍似乎要比二舍大，我找到那幾幢老房子。看得出，這些建築在當年是別具風情的，就是在現在看來，儘管破舊，仍不失優雅：每家門前一個小院，籬笆牆的小院裏，各式的花和樹點綴得分外美麗，牆上則是青翠的生機勃勃的爬山虎。這些紅花綠樹曾經點綴了一代有名望的知識份子，如今雖然寂寞，長在此地，她們一定不覺得可惜。小區裏的人照例無法回答我的問題，我只有用自己的眼睛去看，用自己的心去感受。

走過二舍和一舍之後，往回走，路過國權路四舍，也去參觀了。四舍原名嘉陵村。復旦的這些名字，還有如築莊、德莊等，都有特殊的紀念意義，可惜後來都改成了單調的阿拉伯數字了。我相信，很多復旦人都會懷念那些特別的名稱。

嘉陵村當年是紀念復旦遷校嘉陵江畔。嘉陵村很小，只有三幢宿舍樓。樹木卻很古老，一顆枇杷樹，長滿了誘人的枇杷，另一株樹卻開滿了淡紫色的花。像一個紫色的夢，盛滿了情意。人生有夢真好，無味的時候還能遐想一陣。

然後我又回到與我的名字極有緣琴儀會，這時暮色四合，肚子也已經很餓了。晚上，立民兄要遲一點回家，陪我們留下的幾個人在賓館大堂聊了一陣，有辜也平老師、李存光老師等。夜色深沉，我想去感受復旦的夜色，於是告別大家出來。

我穿過雙子樓往前走，只知道相輝堂、老校門一直在前面。走過最邊上的一個校門後，看到了一些熟悉的景觀，忽然想起，我第二次到復旦時，就是從這個校門進來的。我老是把方向搞糊塗，現在總算有點想起來了，這是西校門。找到記憶中的那條路，我開始重走一回。過了西校門，就是燕園。一塊石頭上，「燕園」兩字在昏黃的燈光下也很清楚。這裏有九曲流水，這裏的夜景分外安靜，邊上有人，我不敢去打擾他們。

走過去就是奠基石，圓形正中是篆體「復旦」，上半圈內刻校訓「博學而篤志、切問而近思」。石頭很大，上面的字也依稀可辨。這塊石頭可算是復旦的鎮校之寶，所以有奠基石之稱。過了這一角，轉過彎，便是老校門了。校門上，是帶著濃重滄桑感同樣的「復旦」兩字。再往前走，左轉是校史館，隔了一片草坪，與校史館遙遙相對的，就是著名的相輝堂。相輝堂的另一邊，是寒冰館。

我默默地走在這條此刻少有人跡的路上，把曾經走過的那條路又找回來了，心裏有說不出的高興。我甚至想起，哪個地方是拍過照片的，哪個地方是駐足停留過的。當我回到雙子樓時，心裏沒有了任何疑惑，原來我是熟悉復旦的，我一直分不清方向的復旦校園原來並不如我相像的那樣大。那麼我在復旦的尋訪可以結束了。

這傍晚時分和夜幕下的尋訪，雖然短暫，在我的經歷裏卻同樣很難忘記。今日重拾這份記憶，是為了給記憶加重一份色彩，夜色深沉，孤單的我內心安靜而快樂。

純粹的醉白池

因事到小昆山，復到松江，便重遊了醉白池。說重遊，是因為早年曾來過一次，也是筆會，怪了，怎會又是筆會，但確是，雖然年久了，印象還是有的，十幾二十來個人吧。依稀記得紫藤架下，我們穿梭的身影，為此還留下了一張經典的黑白照。那正是少年不識愁滋味、為賦新詩強作愁的年齡，雖然當時並不覺得年輕的驕傲，但如今一覺夢醒，人已老去，心裏不免有些惆悵。

悵然中，漫步閒走，倒也不失輕鬆愉快。時值菊花盛開之際，身旁時不時閃出一樹一樹的菊花來，紅的、白的、黃的、紫的、粉的等等，形態又各異。要說菊花是多年生的草本植物，怎麼是一樹一樹的？那得要歸於人工巧匠的聰明才智了。且看那菊花，有的點綴在古木盆景之側，簡直就是和盆景成為一個整體；有的幾十根長長的枝，密密地長在一起，就像是一棵粗壯的樹；有的花兒圍在一起綻放，那就像一大束鮮切花了，有一種心花怒放的情懷。

走在花叢裏，頓時感覺人間無限美好、人生無限美妙。誰不鍾愛那些美麗的花呢？誰不鍾愛花一樣甜美的生活呢？

走著走著，醉白池已在眼前。

面前是一個大池塘，稀稀落落地殘留著幾枝荷，荷已經被抽去了綠意，暗了顏色，只因季節已經更改。

池上草堂就建在水池之上，上面掛著「醉白池」的匾額。醉白池，這名字聽起來就讓人神往。

傳說這裏的主人顧大申將園林建好之後，心裏好不得意，他想，若是大詩人李白來此，也不免會被此地的風景醉倒。李白醉倒，這一片池上園林不是太沾光了。無論什麼千古一醉，都沒有大詩人李白的一醉來得激情來得灑脫，想必是這樣一來，顧大申便萌生了「醉」之意吧。

建一所房子都不容易，何況建這麼一個精緻的園林，顧大申可是費盡了心思的。他又想起，宋代有個詩人宰相韓琦，因迷醉白居易的詩，曾在故鄉河南安陽建築了一座古典廳堂，名字就叫作「醉白堂」。他覺得自己也有這樣一番心思，因為他也一樣非常喜歡白居易，也常常陶醉在白居易詩的優美意境中，這樣他便仿效韓琦的做法，大筆一書，將自己的園林命名為「醉白池」。

無論是誰，來到醉白池，都會覺得這名字太在是太妙了，一醉便醉了兩白。李白因園林風景而醉，他顧大申因白居易詩而醉，一虛一實，這不是曠古未聞之事嗎？前無古人後無來者是也！

想著想著，我笑了，這顧大申實在可愛的很。他覺得風景美，美得可以醉詩人，他喜歡詩人，他又會因詩人而醉，可見此人性情之率真。這樣說來，「醉白池」這三個字也實在妙，妙在純粹。

純粹其實是不容易做到的。同樣有著美麗風景的小昆山，雖然景色迷人，但在我眼裏一點不純粹。走過所謂陸機陸雲的「二陸草堂」，看過「二陸讀書台」，我只覺得草堂上的草固然加了墨色，卻也未免新得出奇，難道一千多年的時間不能讓稻草在風吹雨淋後顯得零亂一些、殘敗一點嗎？顯然這裏時間有問題，今天的人因為附會才有這個怪異的「二陸草堂」。看過劉孝標注的《世說新語》，我只知道，二陸的舊裏在古代的嘉興、一個名叫華亭鄉的地方。唐代的時候，在現在松江這個地方設置了華亭縣，但直到清末，華亭鄉還在原來的地方，離松江離小昆山遠得很呢。小昆山哪裡是二陸的故里？「二陸草堂」、「二陸讀書台」若是有，也不在小昆山。

我知道這種附會多得是，又不止小昆山一個地方有，甚至同處上海的也在爭，如小昆山北十幾里的機山和平原村，他們也說，機山因陸機而命名，平原村而陸機字平原而命名，機山平原村才是陸機的故鄉。

再回到醉白池，顧大申儘管自豪他的園林，他並沒有說這個地方李白或者白居易曾經來過，所以他精心修建了這座園林。所謂附會嘛，說得多了說得認真了，不明所以的人也會信的。而顧大申是真心誠意地醉心於他喜愛的詩人，他出於一片純粹之心！

想到這些，我不免肅然起敬，就連四面盛開的菊花，也綴滿了誠意的色。純粹之心，心是真實的。我想起來，初遊醉白池時，我還寫下一篇短短的遊記，為賦新詩強作愁，是另一種附會。好在我當時的名字是真實的。想起過去的歲月，我突然珍愛起那個名字來。

又想起來，生活的本色是什麼，是不是也是純粹一點？

「四川」

成都的風采

去成都參加第八屆全國民間讀書會。

剛到成都雙流機場，來接我的小涂說，青島的薛原馬上就要到了，我們等等他一起走。薛原？我一聽就高興了，他不是《閒話》叢書的編輯嘛，我的兩篇文章有幸收入兩輯《閒話》，可是兩位叢書的主編臧杰和薛原我都還沒見過，這次能夠見到，不是太好了？

我們很快就見到了，乘了龔明德同事李亞東老師的車往賓館，一路之上，薛原不停地說著話，我們聽到他對自己的定位：民間立場、底層態度、自認邊緣。我和李老師都很欣賞他這一點。做人要低調，我從自己的經歷知道，自以為是的人終會吃到苦果的。

第二天的會議由張阿泉主持，很多人在現場精彩「說話」。流沙河說讀書，是咬文嚼字式的細說，他說讀書就是「逗書」，逗書就是在上面打標點符號。不過，沙老的一些帶著鄉土口音的話我沒聽清楚，所以對他的講話理解不深，會後也一起合影了。

讀書會上還意外地多了一項頒獎活動，這個活動把大家的精神再次調動了起來，獲獎的是大家普遍公認有特色的幾個民刊民報，他們是：《開卷》、《點滴》、《青泉部落》、《溫州讀書報》。獎狀也很別致，是寫在宣紙上的，「民刊民報獎狀」幾個字由流沙河所寫，下面內容由龔明德擬、賀宏亮書，給《點滴》的是這樣的話：民刊點滴創辦至今以中國新文學史實的鉤沉整理為要務發表了一批有內容的學術短章成為可賞可存的印品 特授此獎予點滴執行主編周立民先生……」不愧是中文系教授，廖廖幾句話就勾勒了一個民刊的特色。

因為現場見面了，也熟悉了一些人，董寧文、盧禮陽等很隨意，是我們想像中樣子，只是盧禮陽特別苗條。張阿泉一看便知是草原上的精靈，他送我的《慢慢讀，欣賞啊》一書的扉頁上寫有「晴窗雅覽」幾個字，讓人感受到陽光的溫暖。關於龔明德，我原本和他也有過幾次郵件聯繫，但他總把我搞錯，有了這次見面，不會再搞混了。

朱曉劍則完全不是我從網上得來的印象，原以為他在網上這麼活躍，現實中應該也差不多，誰想到他竟也不善言辭，但是人很誠懇，給人信任感，有一晚他喝醉了酒，我們就聽他說《天涯讀書週刊》特約撰稿人。黃岳年很寬厚，從金沙遺址博物館出來時，我們走錯了門，那邊來電話要我們到另一門去，我覺得有點遠，想保存體力下午市區玩，最好不走了，他不停地說，沒事的沒事的，走走也好啊。自牧愛寫字，我們住的毓秀苑賓館一樓有間不小的書畫室，自牧就在那裏不停地寫字贈朋友，有一個晚上，七樓的茶室裏我們就看到他的幾幅大作呢。徐玉福天天掛著他的大相機在捕捉鏡頭，不知道什麼時候也許就已經成了他的鏡中人物。在第一天的會場上，徐玉福要我們大家為《悅讀時代》創刊兩周年寫字，我想了想，寫下一句話：「做一個快樂的讀書人。」讀書是很快樂的，讀書交友不也快哉！薛原則老是不見他的人影，有一天朱曉劍和他一起逛了十數家書店，另一天他專程去訪流沙河，並得到沙老墨寶。他對某一件事有其敏銳的看法，不過我覺得他的風趣更親近人。

「貴州」

那一次春天的相會

那年春天，我趕了很遠的路，去看望一位遠在山區的朋友。

那時真是年輕，儘管也有很多煩惱，儘管生活並不如意，但一到那裏，看著藍藍的天空，青青的草地，我的心情變得非常愉快。我想我來對了。

我們去一個小鎮。小鎮很小，但是小鎮上的朋友非常熱情，我至今還能想起那些洋溢著熱情的面孔，我至今也還記得那橫跨在江上的大橋，是那樣有氣魄。

白天有時在小屋裏聽朋友說話，有時去街上走走，我甚至在街上和一個大鬍子商人熱烈地交談著。說得非常愉快。

晚飯是在朋友的姨媽家吃的，地上一個火爐，火爐上面一個鍋，這就是我們的晚餐。我們七八個人圍著這一個鍋坐在小板凳上，邊吃邊聊。裏面是什麼菜，全忘記了。只要心情好，什麼菜都不重要。

這個夜晚很平常，但是因為這頓晚飯，我非常難忘。

第二天清晨，我一個獨坐在一塊空曠的場地上，四周一片寂靜。我看著朦朧的遠山，一時覺得身在畫裏。我想，我恐怕不會再有這樣的機會獨坐於此。

事實上，我很快就離開了那裏，後來也確實沒有再去過一次，再以來，和朋友也多年失去了聯繫。

去年夏天，我私印了一本自己的小書，想起這位山裏的朋友，便寄了一本去，心想，他看到該也是歡喜的。

可是，過了一兩個月，我收到的卻是朋友父親寫來的信，他代子覆信，因為我的朋友再也不能回覆我的信了。我驚得失去了任何言語。

近三四年來，幾次失去身邊的親友，我悲傷的心已經開始麻木。但是這一次，我又哭了。我想起那年春天的相會，很平常，可我已經很難忘記。

有一天，朋友們在一起聚餐，不知誰發起說，我們一起寫春天吧。我想，春天，我寫些什麼好呢，我對春天恐怕已經無動於衷了。但是今天，偶然我又想起那個春天，想起那個不起眼的小火爐，我知道，小火爐溫暖了我的心。

「山東」

探訪青島的文學地圖

我是帶著三首詩和一篇文章去青島的，三首詩是聞一多的〈奇蹟〉及方令孺的〈詩一首〉和〈靈奇〉，一篇文章是沈從文的〈水雲〉。我一遍遍地讀〈水雲〉，有些地方很難讀懂，儘管這篇文章我已經讀過多遍了。

沈從文說，青島的五月，是個希奇古怪的時節。「公園中梅花、桃花、玉蘭、郁李、棣棠、海棠和櫻花，正像約好了日子，都一齊開放了花朵。」我到那裏，正是青島的五月，花兒照例開得熱鬧，走在花叢中，人是特別的有精神。有春天的芬芳可以享受，沒有春天懶散的氣息，感覺是真的舒暢。

更美的是那些掩在綠樹叢中的紅房子，我喜歡熱情奔放的紅色，我從來沒有見過有這樣漂亮的城市，有這麼多的紅房子時不時地驚醒著人們的眼球。尤其是站在八大關處看匯泉海灣，綠樹和紅房子此時彼伏地交替著點綴著海岸，美得無與倫比，令人久久不能移動視線。

但是青島還有比這些更吸引我的，吸引我日思夜想要來這裏的，那是彌漫在這個城市中的文學氣息，是曾經在青島生活過的一個個現代文學作家。雖然時空交錯，但是我對他們的喜愛沒有停止過，我總想一次次地與他們親近。於是我到了青島，尋找又一次親近的機會。

第一個目標是中國海洋大學。在魯迅公園站下公交車，從金口二路到金口三路，轉入魚山路，馬路對面就是魚山路三十三號梁實秋故居，很普通的小樓，至少在今天看來已是非常陳舊了，也沒有一點特別之處，在那裏，梁實秋開始了莎士比亞的翻譯。熱愛現世的梁實秋對生活充滿了趣味，很多教授單身來到青島，梁實秋是帶了家人來的，他覺得青島民風淳樸，是個君子國，他對青島投入無限的感情，種花遊山聽濤戲水吃海鮮，梁實秋的生活似乎要比別人來得多姿多彩。他家的廚司老張也特別，每晚都要夜出，他每日給老張二元，有時桌上只有白菜、豆腐，有時則大魚大肉滿桌，後來知道是隨老張賭桌上的變化而變化。

沿著魚山路往山上走約一百米的地方，就是中國海洋大學，當年國立青島大學的的大門沒變，只是學校的名稱更迭變化，早已不見蔡元培親筆題寫的國立青島大學的堅匾。

一多樓在海大最北面的一個角落，海大紅島路側門附近。兩層的小樓，很別致。房屋的外牆幾乎看不到了，都是碧綠的爬山虎，生機盎然，上面只露出紅色的屋頂，特別鮮豔。聞一多石雕像就在一多樓前的空地上。

聞一多是和梁實秋一起接受校長楊振聲的邀請來到青島大學執教的，聞一多任文學院院長兼中文系主任，梁實秋任外文系主任兼圖書館館長。聞一多到青島的時間，是在一九三〇年八月。

聞一多到青島，先住在學校對面的龍江路，門前一排綠柳，不久搬到匯泉海邊的文登路上，是一所漂亮的紅房子，離大海只幾步路，晚上聽到海濤，有時不能入寐，心潮起伏，不禁想起英國詩人安諾德的那首〈多汶海灘〉。他去學校時，經過魚山路，總要招呼梁實秋一起，兩人策著手杖走著山路，情形很是瀟脫。以後聞一多妻子回家鄉生產，他就搬到現在的一多樓。他的書房，是四壁的圖書——青島的兩年多，正是聞一多從詩人轉為學者時期，學者是少不了那些書的。

聞一多的研究是從武漢大學起步的，中國古典文學浩如煙海，他決定從若干作家開始研究，他首選了杜甫。要研究杜甫，首先要瞭解杜甫的生平和年代，於是作《少陵先生年譜會箋》。他未完成的傳記《杜甫》也是武漢大學時寫的，這樣的傳記讀來總有些異乎尋常的感覺。因為未完，每每讀著讀著，希望讀下去的願意最後總是落空，你說這是多少失意的事呢。

聞一多到了青島，為了深入研究杜甫，弄清楚杜甫的社會交往，於是寫〈少陵先生交遊考略〉。研究一個詩人，需要熟悉一個時代，於是他又去研究《全唐詩》，還是從每個詩人的生平研究開始，便有了《唐代詩人小傳》。聞一多唐詩研究現存大量手稿，如疏證、年表年譜、史料等等，收入《聞一多全集》中。

當年，作為學生的臧克家，在聞一多的書房，看到老師用毛邊紙訂了長方大本子一個又一個，每個本子上，都寫得密密麻麻的。

中文系講師方令孺來青島之前，居家閒賦，她在美國留過學，任教青島大學她講授《昭明文選》等，遇到問題，經常向聞一多討教。據說，後來在一多樓內經常有方令孺的身影。

來青島不足半年，方令孺創作了她的第一首新詩〈詩一首〉，這首詩與聞一多的〈奇蹟〉一起，發表在一九三一年一月由徐志摩、陳夢家、方令孺等人發起創刊的《詩刊》上，「詩刊」這個名字，正是方令孺提議的。

聞一多的〈奇蹟〉寫於匯泉海邊，那所漂亮的紅房子內。聽著海濤，花了四天工夫，甚至曠了兩堂課，他完成了這首詩。這首詩當是不平常的，大約那時想得也多吧，我想他當然也睡不著了。

幾個月之後，方令孺又創作了〈靈奇〉。在〈詩一首〉中，作者拒絕了求愛者獻給她的溫柔、熱情和淚流，嚴守著她的靜穆，而〈靈奇〉一詩，她在驚喜中正想接受靈奇，可是寒風清醒了她。從詩中可以看出，方令孺是矜持的。

方令孺當年的住所是現在的海大檔案館。當年樓下是女生宿舍，樓上是女教員宿舍，李雲鶴（江青）、張兆和等也是這裏的住處。樓旁的梧桐樹同樣高大、枝青葉茂，陽光只能從樹隙中勉強透出一點光影來。

從高大的梧桐樹下走過，過一條校園中的馬路，往校園角邊走幾步，便是一多樓了。這條兩三百米長的路，方令孺該是走過很多次了。

人與人之間有時候很難用一種感情來定義，那我們就名之以投緣吧。我有時候總是妄想，要是這個人換成是我，該是怎麼的心情呢？互相吸引的喜悅一定是有的，不然怎麼會投緣呢。喜悅之外呢，也會排斥嗎？我真的不明白了。喜悅和排斥，是怎樣佔據一個人的內心的，這是否就是沈從文在〈水雲〉裏說到的偶然與情感的變化呢？「風從不常向一個方向吹，我們生命中到處是『偶然』，生命中還有比理性更具勢力的『情感』，一個人的一生可說即是由偶然和情感乘除而來。你雖不迷信命運，新的偶然和情感，可將形成你明天的命運，還決定後天的命運。」

多年之後，他們的同事梁實秋記錄下聞一多〈奇蹟〉之後的另一首情詩〈憑藉〉，也是在感情一陣激動之時寫下的，被陳子善教授發掘了出來，可以作為這一段歷史的參考。

一九三一年十一月，為避流言，方令孺離開青島前往北京。

除了唐詩之外，聞一多還研究《詩經》和《楚辭》。他和梁實秋商量研究《詩經》的方法，覺得古老的研究方法太落後，他用現代的科學的方法解釋《詩經》，這便是《匡齋尺牘》。等到一九三二年春，楚辭專家游國恩也到青島大學任教，與聞一多住一幢樓內後，他們開始早晚談論《詩經》和《楚辭》了。是學者也是詩人的聞一多，在他的學生陳夢家一九三二年三月來青島當他的助教之後，師生之間掀起了讀詩的熱潮。

聞一多寫杜甫：「這時候的子美，是生命的焦點，正午的日曜，是力，是熱，是鋒棱，是奪目的光芒。」這樣的話不正好可以用在他自己身上？除了詩，他的學術正可以大放光彩的時候了。

從紅島路側門走出海大，右轉，沿著紅島路轉入福山路，一號是洪深故居，洪深以青島為背景創作的文學劇本《劫後桃花》就是在福山路這幢別墅內，時間在一九三四年。走過洪深故居，福山路三號便是沈從文故居。

沈從文故居的大門是關著的，走不進去真是一大遺憾。只能從馬路對面仰視，可以看到三層別墅的上兩層，是當年的教員集體宿舍。一九三二年葉公超來青島時，給沈從文留下了一張故居前的照片，那年他剛剛三十歲。看上去很斯文安靜的樣子，就像鄰居家的小男孩一樣。

我們看看沈從文在青島是如何創造故事的。有一天他走過浴場，走過炮臺，走到太平角凸出海中的那個黛色陡峻的懸崖上。前面是碧海藍天，後面是一片馬尾松林。他心裏的兩個「我」在爭執著辯論著，回去的路上又走過海灘，「用一顆心為一切光色聲音氣味而跳躍」，終於他寫起了故事來，於是有了〈八駿圖〉。他把走過海灘時看到的情景、他回到宿舍看到的同事宿舍香煙廣告美人畫和窗臺上的魚肝油空瓶，一起寫進了這個小說。

他內心中的兩個「我」還在爭執，那天他坐在教堂石階上面對大海想了很久，於是又寫成了〈月下小景〉。

如果說〈八駿圖〉帶著很大的諷刺意味，那麼〈月下小景〉就只有淒美了。他們同樣是沈從文心中的一道風景。

與很多作家相比，我喜歡沈從文對於他內心的剖析，至少，他要比很多人「真」得多，雖然他寫得也很隱晦。看過很多現代文學名家的傳記，讀了一些他們的作品，常常會惶惶地發現，我又窺見了一個秘密，就像多次讀〈水雲〉，能夠讀明白一兩個沈從文心頭的「偶然」一樣。

讓人奇怪的是，沈從文喜歡青島，福山路三號靠山面海，地勢高爽，他為何要用「新窄而黴齋」來命名他的海邊的居所呢，他為何喜歡「窄而黴」這幾個字呢。他在〈我的寫作與水的關係〉一文中寫道：「我的住處已由乾燥的北京移到一個明朗華麗的海邊。海既那麼寬泛，無涯無際，我對人生遠景凝眸的機會便多了些。海邊既那麼寂寞，它培養了我的孤獨心情，海放大了我的感情和希望，且放大了我的人格。」沈從文對海是有感情的，正如〈八駿圖〉裏那句撩人的話：這病離開海，不易痊癒的，應當用海來治療。

海邊的沈從文終於收穫了他的愛情，那個小名三三的蘇州女子張兆和來到他的身邊，讓這個「鄉下人」喝上了一杯甜酒。

沈從文還十分重友情。他的好友陳鶴翔當時在市立中學教書，生活十分苦悶，他們經常到中山公園「一個荷塘的中央木亭子裏談天，常常談到午夜。公園裏極端清淨，若正值落月下沉海中時，月光如一個大車輪，呈鴨蛋紅色，使人十分恐怖。陳翔鶴不敢獨自回學校，我經常伴他到校門口，才通過公園返回宿舍，因為我從鄉下來到大都市，什麼都見過，從不感到恐懼。」

一九三二年九月，巴金受到沈從文的邀請來青島作客時，沈從文把福山路住所讓給巴金，自己住進學校。巴金在這裏創作了短篇小說〈愛〉等作品。隨走隨寫，走到哪寫到哪，所以我常看到一些作家在作品後面總是變幻著不同的地方，也是他生活的一道軌跡。

一九三三年春天，卞之琳由北平來青島，談到出版詩集的困難，沈從文在自己並不寬裕的情況下，慷然拿出三十元錢，支助卞之琳自費出版了他的第一本詩集《三秋草》。而沈從文當年生活困難的時候，是巴金想法把沈從文的稿子賣出去，這便是小說集《虎雛》。

讀到這些的時候，我們不由得感歎，有著金子般寶貴的情誼溫暖人心，那是無價的。

從福山路往下走，轉入福山支路，宋春舫故居和他的褐木廬就在康有為故居對面。宋春舫是一個藏書家，他的圖書館名為「褐木廬」。在今天的青島想打聽宋春舫和褐木廬都是非常困難的事，所以我是等到第二次走上福山支路時才找到的。康有為故居的工作人員感慨地說，幾乎沒有人知道了，住在裏面的只怕也不清楚。

可是當年的褐木廬卻不是平常之地，宋春舫將他留學歐洲期間累積購得的戲劇圖書都置於那裏，聞一多、梁實秋、洪深、孫大雨等人，都在褐木廬留下了足跡，胡適來青島，一樣踏訪褐木廬，並下塌於宋春舫在金口三路的萬國療養院。

宋春舫之子宋淇夫婦與張愛玲交好，是張愛玲書稿繼承人，此前重新掀起張愛玲熱的《小團圓》，就是宋淇的公子宋以朗決定出版的。張愛玲研究專家陳子善教授在與宋淇通信中，瞭解到宋春舫全部戲劇藏書有七千八百冊。

若干年之後的今天，褐木廬早已失去了其光彩。那扇原本藏書的門是開著的，我試圖想去窺視裏面的秘密，讓人大失所望的是，我從門口所見到的，是一個髒亂的櫥房之地，唯有兩隻貓咪轉動著眼睛，咪咪地叫著。我心裏所想的，和眼前所見的，相差十萬八千里，一時間，悲哀襲上我心頭。

從福山支路下來，轉到文登路，便見聞一多在滙泉的居所，馬路對面就是滙泉浴場。青島的幾個浴場，沿著海岸線，此起彼伏地連接著。

青島的美簡直是無所不在，紅瓦綠樹，碧海藍天，無不賞心悅目。在海濱浴場，有一間「青島咖啡」，朱自清曾經這樣描述它的特別之處：

這是一間長方的平屋，半點不稀奇；但和海水隔不了幾步，讓你坐著有一種喜悅。這間屋好在並不像「屋」，說是大露臺，也許還貼切些。三面都是半截板欄，便覺得是海闊天空的氣象。一溜兒滿掛著竹簾。這些簾子捲著固然顯得不寂寞，可是放著更好，特別是白天，我想。隔著竹簾的海和山，有些朦朧的味兒，在夏天的太陽裏，只有這樣看，涼味最足，黃昏和月下應該別有境界，可惜我們沒福受用了。在這裏坐著談話，時時聽見海波打在海灘上的聲音，我們有時便靜聽著，抽著煙捲，瞪著那嫋嫋的煙兒。

（朱自清《南行雜記》，《朱自清全集》第十一卷第二九二至二九三頁，江蘇教育出版社一九九八年三月版）

曾經，陳夢家坐在別致的「青島咖啡」，他注視著一個白俄老人舉動，想像著他是否有過榮華，有過豪邁，又受過多少風雨雪霜，他又怎麼來到這海上的異鄉，於是在這間長方的平屋裏，他寫下《白俄老人》一詩，時值一九三二年六月二日。

循著那些名人的足跡，在青島我一路踏訪，如今的濱海浴場，我已找不到「青島咖啡」了，也許已經沒有這樣的屋子了，也許我沒有找到，但是我知道曾經有過這樣的一個地方，曾經發生過一些故事。我願意在想像中回到這些故事裏，如同親歷歷史。

一九三三年，湖畔詩人汪靜之到市立中學任教，他們當年的教員宿舍汪靜之名為山海樓，據說在現在的香港西路上，但是香港西路長長的，已經打聽不到了。走過大學路看到青島文化局的門牌時，我順道進去打聽那裏的工作人員，但是他們也不知道山海樓是否還在，大概是找不到了。

王統照故居在觀海二路四十九號，他在那裏寫下了《山雨》，與茅盾《子夜》同於一九三三年發表。《山雨》發表後，茅盾評論稱其為「目前文壇上應該引人注意的新作」，吳伯簫則把《山雨》與《子夜》並論，稱一九三三年的文壇為「子夜山雨年」。那時，還是學生的詩人臧克家常同吳伯簫結伴，去觀海路拜訪王統照。一九三三年，王統照集資為臧克家自費出版第一本詩集。

從觀海二路轉到觀象一路，觀象一路一號即是蕭軍蕭紅故居。蕭軍蕭紅逃離哈爾濱乘火車到大連，再乘輪船抵達青島，時值一九三四年六月。

來到青島的兩蕭，他們終於自由了。

故居坐落在觀象山上，和很多青島的建築一樣，也需要走過幾級高高的臺階才能走進院中，也是石頭壘起的房子，兩層的樓房，從這裏，兩面都可以看到大海。他們的朋友舒群夫婦搬來與他們同住一幢樓。

他們安頓下來之後，蕭軍被介紹到《青島晨報》副刊當編輯，工作之餘的蕭軍，寫小說《八月的鄉村》。蕭紅開始創作她的第一部長篇小說《生死場》。生活雖然艱苦，但是很快樂！他們在一起唱歌，往樹林散步，去浴場游泳，到棧橋、公園、海濱遊玩。蕭紅年輕的思緒飛揚著，在大海的波濤洶湧中，她完成了《生死場》的寫作。因為政局不定，他們離開青島前往上海，幸運地得到了魯迅的關懷和幫助。

一九三四年九月，老舍夫婦從濟南來青島，他們搬了三次家，最後定居於現在的黃縣路十四號。老舍在青島三年，前兩年在國立山東大學任教，最後一年辭去教職，專事寫作。兒子舒乙、女兒舒雨，都在青島出世，他最得意的作品《駱駝祥子》也在青島問世。那時《駱駝祥子》在《宇宙風》上，邊寫邊連載，若不是胸有成竹哪能做得到啊。

在青島，有很多名人故居至今尚有人居住，雖然有幾處大門關著，但因為有人居住，顯得生機無限，可是老舍故居一派蕭條，大門用水泥封住了，故居四面的窗戶洞開，牆皮剝落，人去樓空，讓人心生感慨。

黃縣路也緊靠現在的海洋大學，從老舍故居走幾步路便到大學路，從大學路轉回到魚山路，三十六號是陸侃如馮沅君故居。

馮沅君是北大的第一個女研究生，她最早發表的小說署名「淦女士」，接著又創作了帶著自傳性質的小說《春痕》。她的創作時間不長、數量不多，卻和石評梅、廬隱、蘇雪林並列為「五四」新文學史上第一批有影響的女作家。馮沅君一生中有長達半個世紀的時間在教書育人，一九四七年夏陸侃如馮沅君夫婦來到山東大學任教，美麗的青島留下了馮沅君動人的身姿。

到青島作過短暫停留的作家還有很多。一九三一年春，胡適為了商議翻譯莎士比亞作品一事，來青島。臨近青島時，他的船因大風大浪無法靠岸，他發電報給楊振聲「宛在水中央」，楊回「盈盈一水間，脈脈不得語」，留下文人間的趣談。在這之前，二十世紀二十年代到青島度假的，有詩人馮至等人。福山路的教員宿舍，蘇雪林三十年代初到青島，也是借住在那裏的。一九三四年七月，郁達夫應汪靜之的邀請，攜妻兒由上海來到青島，住在廣西路三十八號的樓上。卞之琳到青島後，曾經邀請漢園三詩人之一的何其芳來青島，其時在一九三六年冬天。端木蕻良來青島體驗生活是在一九三七年，他寫了遊記《青島之夜》。

也有想來青島而沒有來成的。梁實秋喜歡青島，喜歡青島的海，他知道冰心也喜歡海，每次給冰心寫信，總是不忘提到海，告訴冰心，他和太太、孩子到海邊捉螃蟹、掘沙土、揀水母，聽燈塔嗚嗚地叫，看海船冒著煙在天邊消失。冰心回信也很想看青島的海，可她因為身體原因，終於沒有來成。

在青島一路踏訪，收穫的是一路的喜悅，或許可稱為「偶然」，也或許可稱為「奇蹟」。一幢房屋就是一幅畫卷，一個人就是無數的故事。在故事裏尋找故事，在故事外想像故事。故事外的青島，是紅瓦綠樹，是藍天碧海，故事裏青島，是有著比這些更濃的色彩，多采多姿地投影在過往的行人心間，讓人久久回味。但是總覺得青島遊得太匆匆了，我還想再去一次青島，還想好好地感受一次青島。

「江蘇」

南京，尋找方令孺的蹤跡

這是我第三次到南京，對名勝古跡已不怎麼熱心了，心裏急切的是想去看一位老人，她叫陳秀珍，是方令孺當年的保姆。

陳秀珍居住的地址在南京掃帚巷，這是我從方令孺的學生裘樟松先生那裏得知的，可當我到那兒時，掃帚巷正在拆遷中。零零落落的房屋，倒塌的牆壁，滿地碎片，一片荒蕪。我尋找那間門牌號，確實沒有了。計程車司機放下我還不走，她希望我繼續坐她的車離開這裏，好讓她再做一筆生意。但我讓她走，我不甘心就這樣還沒找到人就離開這兒。

邊上是一個修自行車的攤位，有三個人在那邊。我走上去打聽，他們點點頭，確實有這麼一個老人，但她的房屋確實拆掉了。我問他們，知道她去哪兒了嗎？他們搖搖頭，不清楚，說不準。

怎麼辦呢？我心裏好失望，來這裏尋訪，在我等了多久的事啊，如果早先來得了我早就來，可現在我來了，卻是這樣。我心情落寞地走出掃帚巷，想想，既然到了這裏，就帶張照片回去吧，便又回來拍照。

這時，他們又問我，你跟她有什麼關係？找她有什麼事？情急之下，我不得不訴說事情的原委，一個老伯聽說我是為方令孺的事而來，他說，走，我送你去一個地方，她可能在那裏，又補充說，這樣，你可以省掉十元的打車費了。

邊上是他的一輛電動三輪車，他說，送了你我得馬上回來，我家老太婆在這兒掛鹽水。我不住地點頭，滿口稱謝。他飛快地開著車，很快就到了一個名雙橋門的地方，一個老年公寓。我想，要找到這個地方，就算我打車來，一定還要費一些周折，不能白白勞累了他，沒有十元，就塞給他二十元錢，可他把我的手一推，一溜煙地開走了，轉個彎就沒了影了。

我心裏真是高興，心想這會總算找到秀珍老太太了，還碰到了這麼一個熱心人。到了老年公寓，便問他們秀珍老太太住哪兒？誰知，他們告訴我，她搬了，不在這裏了。我一驚，怎麼會有這樣的事？搬哪兒去了呢，大夥又說不知道。我一想，還得要提方令孺，果然，我這一提，有人把我引到一間小房間，是秀珍以前住過的，一個老太太告訴我，她可能去釣魚臺那邊了，那裏有一個鳳凰台養老院，你去那兒找找吧，她自己沒說，是聽她侄媳婦說的。我連忙道謝。

計程車只是大致把我送到一個地方，接著是小巷，我一路打聽，總算到了鳳凰台老年公寓，心裏有些忐忑不安，不過，還好，這一問，踏實了，秀珍老人果然在這裏。

我進去的時候，老人正躺在床上，我又一驚，她怎麼啦？還好，她看見我便緩慢地坐了起來，坐到了床沿。我也在她身旁的床沿坐下。這是一個矮矮的駝著很深的背的老人，我知道她已經九十四歲了。她問我是什麼人，為什麼來這裏？我說，杭州的裘樟松記得吧，方令孺的學生，我是他的朋友。裘樟松？裘樟松？我說杭州的。她總算明白過來了，是小裘啊。對，我馬上說，我是小裘（裘先生年長我二十有餘，但這時已管不了那麼多了）的朋友。哦，哦，她點了點頭。這樣，我們便打開了話題，她說起她現在的情況，因為拆遷，她值得紀念的好些東西都扔掉了，心情不好。聽到這些，我也有些難過，誰知道扔掉的是什麼呢，也許是有價值的呢。

然後我就問她有關當年的一些情況，抗戰時她也曾去過桐城方令孺的家，但那時她是跟著方令孺的侄媳婦去的，後來到了重慶，又到上海。她一遍遍地講述在復旦的時光，那時她年輕，我懷疑這是她一生中的黃金時刻，因為年輕嘛，更因為她重複的講述，又說起在莫干山，說起方令孺的生日，說起三年困難時期的杭州白樂橋，說起巴金他們來白樂橋，她去靈隱採野蘑菇，蕭珊不住地誇她燒的蘑菇好吃。我又想知道南京娃娃橋方令孺的家，她的家就在方家（方令孺夫家陳姓，實為陳家）附近，她認識方家的每一個人，包括每一個傭人。她還記得好多事，但可惜的是，好多我想知道的事，她大抵不記得了。

有陣子，我怕累著了老人，勸她休息吧，她說沒事的，吐掉一口痰，繼續她的話題。

臨走的時候，我想給她一點錢以備用，但她數次堅定地拒絕，說，如果我不死，歡迎你以後再來，我們還是朋友。她硬是不再給我機會，我怕傷了老人的自尊心，於是告辭。

回到賓館休息了一陣，到外面吃過中飯，接下來，我準備去看看娃娃橋，畢竟那裏曾經是方令孺的「家」。家有時並不一定是溫暖的，此刻我剛讀過《寒夜》，女人主公樹生在她的家裏就感覺寒冷，她需要溫暖。她一點沒有錯，無需責備她，每個人都需要溫暖。再讀讀方令孺的散文《家》：「『家』我知道了，不管給人多大的負擔，多深的痛苦，人還是像蝸牛一樣願意背著它的重殼沉滯的向前爬。」這大概就是她的家，給了她很多痛苦的家，但她必需去面對。

但她的家是很氣派的，因為她的夫家陳氏是南京的一個銀行世家，丁玲在她的回憶錄裏，對方令孺的家有過這樣描寫：「她住在側院的三間大廳，後邊是院子，前邊是小花園。繞過她的廳子，還可以進入她家的一個更大的花園，只是那個園門不是常打開的。」（丁玲《魍魎世界》，《新文學史料》一九八七年第一期）舒蕪則有過更為細緻的描寫：「陳家的住宅是南京有名的大公館，地點在娃娃橋。那時在南京雇黃包車，只要說『娃娃橋陳家』，車夫幾乎沒有人不知道。陳家的公館大約趕不上《紅樓夢》裏面的賈府，可也差不多了，大院套小院，重重疊疊。九姑的婆婆有點像賈母，下面的小輩，一房一個小院。我姑母偏住的那個院子，同樣很大，有花園，有暖房，什麼都有。」（《舒蕪口述自傳》第二三頁）

曾經幾次讀到過這些文字，每次讀時，我總在想，哪天也去南京看看，看看方令孺的這個院子，看看她家的花園，這麼好的地方，一定還在的，我堅信！

現在我不是在南京了嗎？我不是坐在車裏直奔娃娃橋了嗎？心裏真有些激動，我知道別人肯定感受不到我此刻內心的喜悅的。

想起秀珍老太太跟我說過，方家前門在馬步街，後門才是娃娃橋。我於是要求到娃娃橋附近的馬步街，但司機想了一陣，說那裏並沒有馬步街。他把我載到娃娃橋馬路對面的馬府街，說可能是這個地方吧。馬府街與娃娃橋平行，隔了一條寬寬的馬路。我想這個地方恐怕不對，這條馬路不像是新開闢的吧。我還是來到娃娃橋，逮住一個附近的老伯打聽。老伯說，他很早就搬到這兒了，卻從不知道這附近有個大宅子的。他指給我看娃娃橋路兩旁的房子說，你看哪裡有老房子的影子？的確，娃娃橋街是一條不長的街，大約六七百米長，一眼就能望到盡頭，路的兩旁差不是被高樓大廈覆蓋了。

站在娃娃橋的馬路上，一時我有些迷茫。娃娃橋啊，這就是想像中的地方嗎？為何差了那麼遠呢？我一直堅信著那個豪華氣派的大宅子是不會消失的，可誰能想得到呢。也許明智者早就想到了，只有像我這樣固執愚蠢的人才會做些一些不切實際的夢，以為現實的世界和文字一樣美妙。

老伯又說，路盡頭有一幢老屋正在拆，要不你去看看是不是，聽說這屋也有來頭。於是我們一起走了過去，但他在指點過之後有事走前面去了。真是一幢老屋在拆了，前面已拆掉了一片，我走了幾步，想走到那個沒了大門的小廳裏。看看四周沒人，心裏著急，直希望有人過來好替我壯壯膽。看了好一陣子也沒有人，我只好退了回來。站在外面，認真地打量了一下，不遠的後面就是樓房，我覺得方家的可能性不大，方家一定還要氣派多了，再說也看不出有花園的跡象。我把這個老屋排除了。

正在我往回走的時候，剛才那個老伯也正好回來了。於是我們再聊。我突然想起，方令孺提到，他們家後院還有一個高臺，還有一條小河。高臺當然不在了，那麼小河呢？老伯說，小河啊，我聽說是有的。他帶我走到三中後門的一個地方說，小河原來就在這個位置，從這個位置經過，他前後比劃著。那麼，至少這個地方還離方令孺的家近一點了，也許這裏就曾是她家的一部分。這樣一想，還是高興的。屋子沒了，文字還在，想像還在，沒有比通過文字的想像更富有色彩了。我在心裏安慰自己。

告別老伯之後，我就沿著與娃娃橋垂直的街走，我要去看看街的另一頭，也許就是方家過去的前門。但這時候我根本就分不清方向，地圖又不在我手上，幸好走對了，是朝南的，一般人家的大門總是朝南開的吧。走了一陣子，前面是白下路。我感受了一下，從娃娃橋街到白下路，覺得這才是一個大宅子應有空間距離，那就繼續想像吧。

南京三中就在白下路上。老太太還說，方家附近以前有女子學校，但我打聽之後知道，三中的前身不是女子學校。真的沒線索了。

我就要離開這個地方了，大概以後也不會再來了。我走到馬路對面遠望。除了南京三中，其他的都是尋常的人家，實在太平常了。但如果回到三十年代，就很不一樣了，娃娃橋方家，一批新月派詩人方瑋德、陳夢家、徐志摩等人在此進出，當方令孺認識了侄兒方瑋德的好友陳夢家之後，他們之間有過很多通信。有時夏夜，方令孺會秉著燭光點著蚊香寫信，有一次她讀《包法利夫人》，寫下了讀後的感覺給這個小朋友。更多的時候，她常常坐在紫蘿架下看天，聽秋蟲的鳴叫。那時的她，是有著三個女兒的年輕母親，但即使孩子們給她帶來快樂，朋友們給她帶來安慰，她心中常多淒涼，因為「家」並不溫暖，丈夫娶了外室住在上海，另外生養了兒女，她是孤單的。

有一晚，徐志摩等朋友來，他們登園後的高臺，志摩和方家的老僕談一座古橋的歷史，後來，他們圍坐在一室，聽志摩講他在印度的故事。年輕的詩人總是充滿了想像和活力，他甚至可發聽到冬天的夜裏藤蘿花子爆裂的聲音。這種聲音，沒有一顆年輕的心，我想是聽不到的。可誰也沒有想到，很快地，他就隨風而去。

當一場病折磨了她，侄兒瑋德的死重重地打擊了她，那一陣子，方令孺的心黯無光彩，她只能把無盡的心思寄託給柳樹春枝、梧桐秋葉。

後來，她和丁玲有了交往，那個時候丁玲剛生下女兒祖慧，住在南京中山東路，受著國民黨的監視，滿心的幽暗和悲傷。這時方令孺去看望了丁玲，她幾次誠摯的話語，打消了丁玲心中的敵意，方令孺的友情給苦難中的丁玲帶來一絲溫暖，後來，丁玲也去方家回訪，在丁玲與黨組織聯繫後，把方家作為與黨組織聯繫的地方，馮雪峰從蘇區寄來的信都是由方令孺轉交給丁玲的。

同情心是方令孺生命中的本色，雖然在自己家中得不到多少溫暖，她心中依然擁有對弱者的同情。是什麼使得她能夠這樣，與方令孺有過很深友情的巴金說過，她是一個善良的人。是的，一顆善良的心無論何時都會發出溫暖的光的，她照亮別人，也撫慰了自己。

帶著一絲惆悵再次坐上計程車，但司機對我報出的地點遲疑了好了陣子：文德里，文德里在哪兒呢？我想糟了，他不會不知道吧。我說，大概離東南大學不遠的地方。我只能說大概，因為我是用google搜索再加上其他幾個關鍵字才發現的，沒有把握。哦，他想了想說，從來沒有人說文德里這個地名的。哪應該說什麼？我好奇地問他。他說，別人只會說××街，或者說××路，也或者說××路，沒有你這樣說的。我高興了，你不是也知道了，再說，你說的那些什麼什麼我可都不知道啊。

然後他就問我，是去走親戚嗎？不是。那裏可什麼景點也沒有啊，他又說。我說，我只是去尋找一個屋子，也許已經沒有了。經歷了娃娃橋的一幕，我已經不再抱什麼希望了，一定是不存在了，但不到黃河心不死。一個不知道存不存在的屋子有什麼好找的？司機的好奇心一點不亞於我對於這些老屋的好奇。我索性跟他說了，那裏有一幢老屋，以前與一個叫方令孺的女詩人有關。哦哦，他點著頭，但你這樣做有意思嗎？我覺得有意思，我喜歡啊。我笑了，這個人還真有趣。他沉寂了一會突然又說，就算你為她寫一本書，別人也不會都喜歡的吧。我又笑起來，我為什麼要讓別人都喜歡呢，但至少總會有幾個人喜歡的吧，這便夠了。

一時我倆都沈默了。過了一陣，他提醒我，前面就是珠江路了。哦，我有些無視他的提醒，不就是一條路麼。珠江路可大大有名啊，他感歎。我也有了好奇，因何出名？這個你都不知道啊，北有中關村，南有珠江路。啊，原來珠江路是與電子有關的，中關村我當然聽說過的。他搖搖頭，你連這個都不知道。我又開始不服了，那我問你，石頭城有過怎樣的歷史你知道嗎？雞鳴寺發生過什麼事情你知道嗎？……他搖搖頭，不知道。我說，我知道。我知道的是這些，你知道的是那些，這是我們的不同，所以珠江路我不知道很正常。他點點，突然把車停下了，回顧頭來朝後面看去，說，不遠處上面有一牌子，寫了「文德里橋」，你看見沒有？你回頭走一點路，朝箭頭所指方向拐進去就是了。原來一路聊天，開過頭了。我臨下車不忘問了一句，去東南大學還需要打車嗎？他指指車子的左面，不用了，朝那裏走三百米就到了。

這時我的的心情也不錯，這一天似乎就此刻有了一陣痛快話，然後繼續我的尋訪之旅吧。

文德里橋是一座新建的水泥平橋，下面是一條不寬的小河。我想是了，小河又是一個比較醒目的標誌。這兒附近原來是方令孺一個堂兄的家，一幢三層的小樓，樓前竹影婆娑，樓後小河潺潺，堂兄的幾個兒子方琦德、方珂德、方璞德年紀和方瑋德差不多大，方瑋德那時在中央大學求學，就住在這裏，和幾位堂兄弟一起相處甚歡，這三兄弟在以後也各自書寫了他們自己不尋常的歷史。比方令孺僅小一歲的美學家宗白華是方令孺的姨甥，那個時候在中央大學任教，也常常來此。其時徐志摩每週來中央大學講課兩次，他和陳夢家等同樣在此頻繁地出入。在一九三〇年前後，以陳夢家、方瑋德幾位新詩後起之秀為核心的小文會形成了，他們經常在一起切磋交流，創作新詩。

小文會，亦即是文學沙龍，我對此總是充滿了好奇，而更大的是興趣，再多一點的卻是羨慕，每每這種時候，總希望自己能夠成為他們中的一分子，那是多麼讓人興奮的事啊。最早知道文學沙龍是在中學時代，關於林徽因「太太的客廳」和英國女作家伍爾夫的那個文藝圈，誰知他們之間雖然地理位置不同，卻有著千絲萬縷的關係，這多少神奇呢！和一批喜歡的人一起做喜歡的事，不是最有趣嗎？

但是過去在文德里辦過小文會的那幢房子和娃娃橋的房子一樣沒了，儘管我牢記著文德里十四號這個的地方，可是確實已經找不到這樣的所在了。今天的文德里成賢街是一條很普通的街，兩旁是一些裝了捲簾門的不大的店鋪，我沿著成賢街走，走過南京圖書館舊館，轉個彎就是四牌樓了，走過一個紅牆的地方，對面已經是東南大學了，那裏就是上世紀三十年代的中央大學舊址。

我剛剛的走過的這條路，相信方令孺也曾走過很多次。方令孺與中央大學的關係，是因了這許多親友的關係，方令孺正是在與這些文人親友的交往中，正式走上文學道路的。一個人，尤其是一個女人，受外界的影響總是非常大的，當她單純的思緒受到繽紛外界的刺激後，她總會自覺或不自覺地作出某種反應，面對她的冷落的家，面對自己熱烈而靜穆的情感，方令孺選擇了以詩來言志。和方瑋德一樣，文學上，她有著桐城古文派打功底，新詩也一樣寫得出奇得好，古文和新詩，這也許也是相輔相成的。

另一個和方令孺有著頗深淵源的人叫儲安平，後來也到南京，在徐志摩飛天之後，他主編了純文學雜誌《文學時代》，其創刊號上就有方令孺應儲安平之約而提供的稿件，方令孺交給他的是一篇和她的散文一樣唯美的譯文。

方令孺每次走過中央大學時，必會注意到紅牆，注意紅牆是因為她看過的一本書：巴金譯的《獄中記》，不過，那個時候，她和巴金還不認識。在回憶民國二十五年自己的讀書生涯時，她這樣寫道：「每次我走過中央大學，看見對面的紅牆（模範監獄），就想起這本書，希望裏面也有人寫出像這樣的一本獄中記。」（方令孺〈二十五年我的愛讀書•巴金譯《獄中記》〉）

很多事情觸動著埋在她心底裏的那些文學元素，終於，她從《新月》的那些「信」開始，發展到《詩刊》時，不斷地有新作出現，不過，那時候，她已經到了青島，躋身大學的講壇，成為那個時代鳳毛麟角的女學者。

我邊想邊走在寬闊的路上，朝校園深處走去。

中央大學的舊物還在，那個上圓下方的大禮堂，如今是東南大學的標誌性建築。我在來南京之前，聽朋友翟超說起，便想來看看。這時大禮堂正好結束一場講座或是別的什麼，有許多的學生從裏面湧了出來。我想打聽一下著名的六朝松，也在中央大學時就有的，問了好幾個人都不知道，也就作罷。天色已晚，老公和兒子發來短信，他們隨團旅遊結束，等我回去吃晚飯。確實，我已又累又餓了，匆忙找了個便門回去了。

晚飯後，我已經什麼也不想做了，趴在床上休息，腦子裏卻像放電影似的，一刻不停地回想著。我突然想起，我忘了向秀珍老太太打聽方令孺養子養女的位址電話，南京娃娃橋不就是他倆過去的家嗎？我可以向他們打聽啊，又想到小小的資助計畫也沒有實現，總覺得是個遺憾，決定第二天重去。

再去時，我沒有直接去找那個倔強的老太太，而是先找到了老年公寓的負責人，然後請來了就在附近的秀珍老太太的侄女，我讓她轉達我的一點微薄的心意。

她們很驚訝我這樣做，問我是什麼人，我說是朋友，她們疑惑，於是我大言不慚地說，我是方令孺研究者。這回，她們嘴裏一致「哦」地點頭，是信了吧。

再去看老太太時，她顯然沒有昨日那麼健談，她的侄女幫我在老人的抽屜裏找來方令孺養女的位址電話，我大喜，一點點的線索對於我來說都是重要的。

走出公寓的時候，陽光燦爛極了，我在小巷七拐八轉地走著，想著自己，為何對方令孺這樣入迷。既不為了學歷職稱，也不為了參加研討會，我為什麼這樣投入地做她的事？我對自己的解釋就是因為對她有興趣。最初是因為看到她的「信」而迷上她的，後來再讀到她的詩、她的散文，我被她深深地吸引著，但最重要的是，也許意識深處，我們有很多心氣相投的地方吧，方令孺說：「我發現生活是不能悠閒，要忙，要複雜。小小的園林，養花飼鳥，不是我們這一代人所能滿足，那裏沒有創造，沒有喜悅，所以Creation and Recreation這兩個字，同人的生命是織在一起，少一，都教生命有缺陷。為這思想我常常痛苦，常常同環境起衝突……」我原本也可以很悠閒地生活的，沒有工作的壓力，沒有生活的負擔，大可和周圍的人一樣出入歌廳酒吧玩玩遊戲打打麻將，但是卻偏偏喜歡坐在書桌前忙一些在別人看來是很無聊的事。哎，還是不要想什麼了，自己覺得快樂就行。

天目湖心情

森林

走在天目湖景區，讓人迷戀的是天目湖茂密的森林。

一腳踩上小島的時候，我們已與森林有了不解之緣了。意識裏回到恐龍時候，骨子裏那份對大自然的親密情意無聲無息地滋長出來。我看見自己成了飛鳥，長著翅膀盤旋在森林的上空。森林裏有我喜歡的蟲子，尋尋覓覓中，我的雙眼染綠了，我的翅膀也染綠了。森林啊，一片綠色的海洋，我是海洋中一個綠色的精靈。飛啊飛，從遠古，飛到今天。

當清晨來臨的時候，我化作一枝竹笛，橫在仙人的唇前，發出悅耳的聲響。彩雲追慕著笛音，我以光年的速度奔向升騰的日出，掬一把雲幾絲光回歸我的森林。

森林長在路的邊上，山的盡頭。低頭是路，抬頭是樹，眼光纏綿在樹叢裏，溫柔失去方向。

走不盡的森林，夢裏心裏走不盡。

水

最讓人陶醉是天目湖的一汪碧波。天上的投影到了人間，天之目，清清如許。思緒在湖面滑行，一如燕子般輕盈。

我猜想，千百年前的某一個傍晚，一匹白馬從湖中來。清澈的湖水邊，美人如約而來，倒影綽綽，消融在夜色裏。

如果湖水裏有她的淚，那是歡快的淚花在飄飛，如果她有笑，她必定笑得動人笑得透明，連湖水也會擦洗她的笑聲，輕輕柔柔。

我們漫步在湖水邊，很願意讓心在此停頓片刻，讓光陰緩一緩它的腳步。千年百年中，人生只是一瞬間，縱然留不住時光，那就留下片刻的遐想吧，留下在水一方的經典。

藍天白雲

除了樹的綠和水的清，天目湖還有什麼？

天目湖，我的眼裏還有你上空的那份藍，那份白。

天目湖上空的藍天白雲是安在天目湖心頭的我的靈。安詳的時候她飄揚，快樂的時候她沉靜。她是雲遊山水後的陶然，是曾經滄海後的隱逸。

讓藍天的摯愛白雲的問候，一起飄落在天目湖的清澈裏，連同一顆安逸的靈魂一起吧。

「安徽」

桐城文墨香

經合肥抵桐城已是夜色微茫了。第二天，問了很多店，就是買不到桐城地圖，心裏有些著急。沒有地圖可就難了，讓我們上哪兒去遊玩呢。我還依稀記得桐城網上看到過文廟，於是直奔文廟而去。在文廟，看到有書，其中一本《文都攬勝》便是介紹桐城的，心裏踏實了，揣著書，一路地走去。

磚石結構的紫來橋在當地可是一景，橋很特別，朝著山迎水一面的分水墩是尖的，便於泄水，另一面的分水墩是方的，共有四五個橋垛。橋下的水，特別清澈。在橋上遠望龍眠山，龍眠山遠遠近近地長臥著。「紫來橋下水，龍眠山上茶」，據說是桐城的特色。豈止是茶呢，龍眠山還曾是北宋名畫家李公麟晚年的歸隱之地。當年蘇東坡米芾黃庭堅他們在北宋京城卞梁駙馬王詵的庭園西園中雅集，留下的那幅《西園雅集圖》就是李公麟畫的。李公麟善畫馬，傳說他畫馬而攝去馬的精神，西域送來的名馬，當他畫完畫，馬也死了。

我不知道，是先有龍眠山的名稱，才有李公麟「龍眠居士」的雅號呢，還是因為李公麟來後，此山才改名龍眠山的，但我知道，一定是李公麟的原因，蘇東坡黃庭堅也來了，桐城的靈泉寺留下了黃庭堅讀書的身影，蘇東坡曾在桐城官莊築室呢，三個好朋友相聚在桐城，可以想像當年的桐城人是何等的幸福，他們走在街上，或許就能上前和蘇東坡侃一會茶道，或請李公麟畫上幾筆，或請黃庭堅書扇呢。

想到這裏，有些怏怏地走下紫來橋。按圖索驥，來到了聞名的半山閣、六尺巷，然後朝勺園而去。

勺園在嘉興曾是柳如是的留居之地，這裏的勺園卻不一樣，最早是桐城派「三祖」之一、清代文學家劉大（櫆）講學的地方，後來該派中堅人物、大學者方宗誠在此建了藏書樓，名九間樓。

我因為對新月派女詩人方令孺有了興趣，很想在桐城看到一點與她有關的東西，我在文廟的一本編有當地名人的書中看到方令孺的祖父方宗誠和父親方守敦的名字，又看到勺園為方宗誠的藏書樓，便來到這裏。推開勺園的門，裏面赫然住著人家。一個抱著孩子的小媳婦迎住了我們，我向她說明了來意，我們只是來參觀的，她很友好地把我們讓了進去，她名亞亞。

九間樓南北各四間，加上進門一間，共九間，中間是長方形的院落。短垣一道，長滿了惹人喜愛的青苔，中間的屋簷下，一塊很大的元寶石非常顯眼。到了方宗誠的兒子方守敦時，便做了住處。我還看到了方守敦七十歲時在勺園的一張照片，老先生白頭髮白鬍子白眉毛，神態肅然。

看到方守敦晚年的照片，又想起方令孺在她的文章中提到她童年的事，我推斷這兒便是方令孺的出生地（其實在安慶）。我問亞亞，是不是這麼一回事。亞亞微笑地搖搖頭，她們和方令孺的家人已沒有聯繫了，但是和舒蕪卻還是聯繫著的。舒蕪就是現代文學評論家，也是方令孺的弟弟、著名學者方孝岳的長子，亞亞叫舒蕪為三爺爺。隨後她去房裏取出一本書，是舒蕪送她的：《舒蕪口述自傳》。這本書我早就想買了，可惜一直沒買到。書中看到了很多珍貴的照片，包括英俊、才氣過人而又早逝的方瑋德，有時翻翻書，有時聽亞亞說說他們方家的人，看小寶寶老是朝我們笑，還真是趣味盎然。

九間樓南面原本還有個亭子，是方守敦做詩的亭子，名淩寒亭。亭前有「門」形粉牆一道，內植梅花五株，立石一方，上篆書「立雲」兩字。牆上爬滿藤蘿，大約就是方令孺所說的像山洞一樣的門，可惜的是，想像中幽古茂美的淩寒亭連同這堵牆都沒了。唯有北面院中的一株臘梅還在悄悄地綻放著芬芳的氣息，恐怕就是當年五株中的一株吧。

這個園子裏，除了亞亞和寶寶外，還有個老太太，和舒蕪是同代人，表或堂兄妹。還有一個保姆一樣的婦人，忙著做家務或照顧小寶寶。老太太很熱情地倒茶，可惜她的安徽話聽不懂，由亞亞給翻譯，有時也要說上一兩遍。我心裏還有關於老太太和亞亞的疑問，如亞亞說老太太是她的姥姥而不是奶奶，卻和舒蕪是兄妹，如亞亞也姓方，應是方家的姑娘而不是外娶的媳婦，但她的房間明明就在南面的一間，到底是怎麼回事呢？因為交流的不方便，終於沒有再問下去。

走出勺園，心情是愉快的，真沒想到會有這樣意外的收穫，我固執地相信這是冥冥之中老天的厚愛，我想要找的地方，竟毫無準備地被我找到了！這種快樂的心情，別人又怎能體會得到呢？只有我知道！我抬頭仰望天空，桐城給人的感覺真是美啊，城中每走幾步，就有名人遺存。姚鼐手植的銀杏樹依然愴然獨立在冬日的天空中，走過某處，左忠毅公祠豁然躍入眼簾，一條小小的巷子裏，一個名叫鳳儀里的地方，真是有鳳來儀，竟然左一個方苞故居，右一個姚瑩故居，走幾步，還有一個方以智故居，而且都是普通的民居，裏面住著普通的居民，其他如父子宰相府、方東樹家廟、姚元之舊館、朱光濳故居、嚴鳳英藝術館等，比比皆是。自宋、明、清以來，這個小城漸次崛起了「桐城畫派」、「桐城學派」、「桐城文派」、「桐城詩派」，故而小城有「文都」之稱。「桐城派」也即「桐城文派」，單「桐城派」就擁有散文家有相當著述者一千二百餘人，遍佈全國各地。幾天後我們到了績溪參觀胡適故居，胡適是五四新文化的領軍人物，宣傳白話文，和「桐城派」所堅守的古文可謂水火不容，這真有意思。更有意思的是，方孝岳在北京結婚時，因為有新派人物胡適、陳獨秀等人的參加，他的岳父、桐城派最後的傳人馬通伯竟然拒絕出席婚禮，可見當時兩派對峙是何等激烈。

桐城，一個小小的縣城，人們很隨意地走在街上，如果時光能夠倒流，都有可能和某個名家碰面，如果有興趣，還可以來一場對話。他們不是講學嗎？他們一定不會像今天的名人一樣厭煩普通人的糾纏。

桐城的交通也方便，這個縣城的主要交通工具是那種被當作公交車的麵包車，在你要去的方向，只要你說一聲到哪裡，公交車就會把你送到目的地，隨時停車。桐城給我留下的遺憾就是進不了圖書館，我在去之前匆匆上桐城網，問一些方令孺的事，有人答覆說，故居沒聽說，資料圖書館應該有，舊館拆了，新館在盛唐廣場那邊，不知有沒有遷入。我一住下就打聽盛唐廣場，原來我們入住的國際大酒店正對著盛唐廣場，心裏很高興，但他們告訴我，這兒還在裝修呢，空自歡喜了。我怎麼也想像不出，一個城市的圖書館會出現空白，這讓我深深地失望著。我還看到了另一個與文化古城極不相符的地方，那就是，桐城沒有一家宣傳地方文化的書店，哪怕僅占書店的一個角，都沒有。這讓我在安徽的日子裏很懷念嘉興，嘉興至少有秀州書局弘揚嘉興文化，嘉興的新華書店還專門辟出一角經營嘉興地方文史的書。民間文化的延續其實是靠很多普通人來共同完成的，作為一個嘉興人，我為嘉興感到自豪。

在一個清晨時分，我們踏上了去屯溪的車，告別桐城時，我還在想著，會不會將來我還會第二次來桐城呢？

李白詩歌之旅

還在讀初二的時候，因為鍾愛李白的詩，我花了差不多一周的伙食費買了《李白詩選注》，從此，我開始讀李白。那時候生活是清貧的，儘管如此，我們的生活裏沒有憂傷，而李白的浪漫情懷，帶給我的更是心靈的快樂。

高中的時候，我們背過李白的《蜀道難》、《夢遊天姥吟留別》等長詩，總是嚮往，總希望自己的足跡也能走過那些地方。

有一段時間，我迷上了中央台的一個欄目《百家姓》，那一幅幅的電視畫面，把我帶到了一個個的滄桑之地，這其中就有李白墓。那時候我想，我一定會去那裏。

後來這個願望就變得強烈起來，當我終於知道李白墓和敬亭山就相隔不遠時，我決定啟程。我知道我有些等不及了，急於想去那些地方，急於想感受那個氛圍。只是俗人多俗事，終於還是拖到現在。

敬亭山：相看兩不厭

「眾鳥高飛盡，孤雲獨去閑。相看兩不厭，只有敬亭山。」李白的這首〈獨坐敬亭山〉，讓人產生很多遐想。敬亭山究竟一座怎樣的山呢，居然讓大詩人相看兩不厭？我曾經無數次地想像。我猜想這是詩人的浪漫和誇張的手法吧，你看「白髮三千丈，緣愁似個長」，你看「三山半落青天外，一水中分白鷺洲」，不都是這樣的嗎？但是，就算被大詩人誇張了三千倍，我還是擋不住這份誘惑，我要去敬亭山，我要一睹為快！

敬亭山地處安徽宣城，古時宣城是個名郡，現在卻不大有名，出名的只是宣紙。

我們一早來到山上。山上靜悄悄的，許是還早啊，除了我們，竟沒有別的遊客，偶爾能夠看到一兩個山民走在路上，一會兒又消失在山林裏，而遠望前方，山巒疊障之上，雲霧繚繞，很容易讓人想起「只在此山中，林深不知處」的意境，我便對信爾說起這首詩，古來隱者何其多，今天又會少嗎？

但信爾更多的興趣在山裏的各種蟲子，他給樹上的大蜘蛛拍照，和地上的毛蟲對話，摘一兩個不知名的果子，採幾片樹葉，我們像游離在這個世界之外，沒有任何世俗的干擾，心裏只有清靜、安寧和快樂。

走過「江南詩山」的石門，走過古昭亭，沿路上去，不久就看到了太白樓。此處名「太白獨坐樓」，取自李白「獨坐敬亭山」的意境。當年李白在此山獨坐，那麼讓我們也坐一會吧。抬頭遠望，真的是「眾鳥高飛盡，孤雲獨去閒」，無聲無息的天空，微茫茫的宇宙，內心卻起了波瀾，想李白青年時辭親遠遊仗劍四方，他的足跡踏遍了祖國多少名勝，要說敬亭山如何的峻俏美妙如何的雄奇挺拔其實都說不出，為何他卻對此情有獨鍾？

這時有兩名中年婦女過來為我們開太白樓的門，她們是看到我們上山也才上來的，我們得以登樓一觀。她們非常自豪說，太白樓謫仙樓在各處有不少，唯有此處為獨坐樓，是獨一無二的。我也高興，我們到了獨一無二的地方，就算沒有黃山之奇沒有華山之險又有何憾？

繼續往山上走，來到一片空曠處。近處是成片成片的茶樹，遠方是山是雲是霧，我忍不住扯開嗓子，對著空谷喊：「哎——，敬亭山——，我們看你來啦——」，信爾大奇繼而大笑說，媽媽你瘋了。我說，反正沒人看見，就讓我瘋一次吧，多痛快啊。

山勢漸漸地高了，我們行走在淡淡的雲霧裏。在一個轉彎處，山風響得讓我們起初還懷疑是瀑布。我們慢慢地走，享受難得的好空氣。信爾大發奇想，最好裝上這裏的空氣回去，讓爸爸也聞一聞。他又嘮嘮叨叨地說，這兒的螞蟻真幸福，天天生活在雲霧裏，還沒有人來破壞他們的生活，只是那蜘蛛有些白癡，我對他拍照，居然沒反應的，不過也許他在想，這人才白癡呢，我長得這麼醜，還對著我拍呀拍的。

這個時候的敬亭山，是我們兩個人的敬亭山。當下山的時候，我們才看到三三兩兩的遊客也陸續地來了。下山到一半的時候，走了一條小的山路，看到一泉水和一雕像，也與李白有關。相傳李隆基的胞妹玉真公主愛戀上李白，李白在受到朝廷排擠後被賜金放還，政治理想破滅，安史之亂後，玉真公主尋李白隱居敬亭山，後來抑鬱而死。李白來到敬亭山拜祭玉真公主，玉真公主被其感動，湧泉水一泓供李白煮茶烹酒。

望著玉真公主的雕像，看著這些說明文字，我心裏的疑團解開了，敬亭山縱然不是最美的山，這裏還有最美的人，能讓李白相看兩不厭的，除了山，更是這裏的人，這一次，大詩人並沒有用誇張的手法，他是在用心寫詩。

等車的時候，我找個凳子和邊上的人閒聊起來，原來是個導遊，姓饒。這一聊，可讓我對敬亭山刮目相看了。饒導告訴我，來敬亭山的文人有無數，最早來宣城做官的是南朝的范曄，他的後半部《後漢書》就是在宣城撰寫的，成就最高的是謝朓，他在任宣城太守時，寫下了大量宣城的詩篇，有「謝宣城」之稱，李白曾經七上敬亭山，為敬亭山寫下最負盛名的詩句，韓愈當年住在敬亭山下的韓家莊，白居易在宣城考進士，晚年寫詩稱只有看到敬亭山的蘊秀才有靈感，孟浩然考不取進士發牢騷，只有敬亭山才是世外桃源，此外，杜牧、王維、劉禹錫等等，足跡遍佈敬亭山，而寫敬亭山的詩更是無數，所以敬亭山才有「江南詩山」的美譽，宣城則成了「詩城」。饒導口若懸河、滔滔不絕，一口氣說了很多很多，我則聽得如癡如醉，在饒導的心裏，全是她熱愛的、我們共同熱愛的詩人和他們的詩。

只是我們叫的車已經等我們一陣了，不得不告辭了。我很遺憾，既然有那麼多故事，為何沒有一本寫宣城寫敬亭山的書？所幸的是，饒導告訴我，這本書正是編撰中，不久就會面世的。我們互留了手機號，我讓饒導在書出來後告訴我，我要郵購。

回去的路上，我的心裏久久不能平息。李白眼裏的敬亭山，不單因為敬亭山的風情，也不單因為玉真公主，還因為敬亭山有謝朓。在我們第一天到宣城時，就登上了謝朓樓。李白當年多次登臨此樓，懷想謝朓來到宣城時的不得志，更想到自己同樣報國無門，他的心裏是極其痛苦的，故而發出「人生在世不稱意，明朝散髮弄扁舟」的歎息，他們是同病相憐之人，更重要的是，謝朓的山水詩對李白有過深遠的影響，所以就算相隔兩百多年，他們卻是異代知己。和知己在一起，哪來的厭倦呢？

而今，我也上得敬亭山登了謝朓樓，我雖然一向沒什麼志向，很容易滿足現狀，也只是傾心於自己喜歡的事，實在說不上有什麼不如意的事，和他們當年的心境可謂大相徑庭，但是我們醉心於山水的心是相同的。我想，沒有比沉醉山水更讓人帶來恒久的熱愛了，所以，敬亭山，我一樣癡迷。

青山：有幸伴詩魂

李白墓座落在馬鞍山市當塗縣的青山腳下，如今已開發成頗具規模的太白墓園。青山之北，姑熟溪潺潺流過，李白曾經泛舟溪上。青山之南，謝朓曾築室而居，故有「謝家山」這稱。青山之上，山色秀麗奇石林立，青山的懷抱，更兼詩魂來歸，真可謂青山有幸。

墓園的門口，是一座牌坊，正面是啟功題寫的「詩仙聖境」四字，背面的「千古風流」是當代草聖林散之所書。進入墓園，有一條幾十米長的甬道，概括地介紹了李白的一生。

墓園很大，人很少。我想起南昌的青雲譜，我們去時也差不多就一二十個人，這就能讓我們靜心地感受。走在太白碑林的時候，一首首地讀著我們喜愛的詩，一點點地投入進去，感覺真是好。「十詠亭」刻的就是李白的姑熟十詠，當塗古稱姑熟。太白祠讓我們看到按劍挺立的詩人形象，青蓮書院內則有國畫多幅展示了「李白在當塗」經歷，李白曾多次往來當塗，這其中就有〈望天門山〉一詩。我終於明白，李白寫的天門山，在唐時其實就在當塗境內的長江一段，是長江北岸和縣的西梁山和長江南岸當塗（現屬蕪湖）的東梁山，兩山隔江相對如門，故稱天門，而此前，因沒注意詩的注解，我一直誤以為在湖北天門境內。「兩岸青山相對出，孤帆一片日邊來」，原來這樣美妙的意境就出自附近，這怎不讓人驚喜？想想，如果我不到當塗，恐怕不知道誤解到什麼時候呢。

走過青蓮書院，終於看到了李白墓，那是一個很大的墓，上刻：唐名賢李太白之墓。據傳，碑文由另一大詩人杜甫書寫。真所謂「青山明月夜，千古一詩人」。我和信爾，我們繞著青石砌成的墓默默地走了三圈，然後恭恭敬敬地在墓前三拜，祭拜我們敬仰的大詩人。詩人啊，你在他國一向可好？你又寫了多少詩了？你還快不快樂？我在心裏默念，願詩人快樂，願我們大家都快樂。

想當年，步履蒼蒼的詩人最後一次來到當塗，正值窮窘困苦之際，他來投奔族叔、當塗縣令李陽冰。李陽冰因仰慕詩人的才華，將詩人一家安置在當塗的龍山。第二年，詩人就病倒了，李陽冰聞訊，詩人枕上授簡，希望族叔能將他的詩文編纂成集，他以一首〈臨終歌〉在當塗龍山病逝，時年六十有二。李陽冰不負所託，將李白詩文編成《草堂集》並作序。讀著畫上這些故事的時候，我不由得想起余秋雨在〈蘇東坡突圍〉一文中說到的一件事，蘇東坡因烏台詩案入獄，獄中小卒因敬慕東坡的才華，為他送來了一盆溫熱的洗腳水，余秋雨說得感人肺腑，就連這盆洗腳水充滿了熱度。一盆洗腳水尚且如此，何況詩人夢想的集冊呢？今天的人，何嘗不會感謝李陽冰做了這麼在件大好事。

李陽冰也是個文學家，還是個書法家，他在《草堂集序》稱李白著述「千載獨步，唯公一人」，可見其敬仰之情，更在常人之上。

詩人的墓，起初葬於龍山，唐元和年間，時任宣歙池觀察使的范傳正根據李白生前「悅謝家青山，有終焉之志」的願望，將李白遺骸由龍山遷葬於青山之陽，與謝朓毗鄰而處，使詩魂得以在他摯愛的土地上安眠。

我們又來到園中青蓮池畔的「舉杯邀月」雕像旁，走過去，和大詩人來個擁抱。詩人生性豪放，寂寞的時候舉杯邀明月，明月成了他的知已。沒有比這個雕像更能感受到詩人的浪漫了，我們坐在詩人的對面，如果明月不曾赴你的約，我們可以加入嗎？

采石磯：欲上青天攬明月

采石磯為長江三大名磯之首，古時兵家必爭之地，當然是要去看的，這裏，也曾經是李白幾經流連之地，這裏，至今流傳著李白的許多傳說。

山勢險峻的采石磯突兀江中，絕壁臨空，千年百年，扼守大江。一個晚上，李白夜泊於此，想起東晉謝尚曾賞識袁宏於采石磯（牛渚），使自幼孤貧的袁宏聲名大著，而自己呢，並無識者，他這樣寫道：「牛渚西江夜，青天無片雲。登舟望秋月，空忙謝將軍。余亦能高詠，斯人不可聞。明朝掛帆席，楓葉落紛紛。」一伯樂不常有，千里馬唯空自歎息而已。

但是李白不止是千里馬，他更是一隻大鵬鳥，「大鵬一日同風起，扶搖直上九萬里」，不飛則已，一飛沖天。然後生逢盛世，卻懷才不遇，最終的〈臨終歌〉仍在悲歌：「大鵬飛兮振八裔，中天摧兮力不濟」。

在采石磯，我們看到了像大鵬鳥一樣展翅的詩人，那是雕塑家錢紹武塑造的李白形象。那高高舉起的雙臂，那寬寬的袖子，分明就是一隻大鵬在展翅翱翔。詩人啊，你飛越時空，飛到你的理想王國了嗎？詩人啊，或者，你想上青天攬明月嗎？而明月有沒有辜負詩人的心願？明月也許在和詩人遊戲，明月躲到了水裏。醉眼朦朧的詩人，上天攬月不成，便入江提月了。詩人入江提月，繼而騎鯨升天，成了太白金星，所以采石磯留下了提月臺，又名聯璧台。好一處提月臺，巨大的石台之上，酒溢滿地，還依稀飄著酒香，還依稀可見詩人踉蹌的身影。哦，原來是下雨了，原來遍地是桂花的香味。詩人已仙去，騎鯨升天之後，江裏飄著的衣帽鞋子，人們打撈上來，便有了山上的李白衣冠塚。

在桂花的一路陪伴下，我們登上太白樓。太白樓位於長江之東，雲氣蒼茫，是一座雄偉壯觀的古建築，與岳陽樓、黃鶴樓、滕王閣，合稱長江著名的「三樓一閣」。太白樓的建築非常獨特，一層為廳，二層為樓，三層為閣，後院正房地面較樓二層地面略低，房前有廊，由兩廂廊相接，直通二層迴廊，空間層次非常豐富，在江南的建築中非常少見。中有兩座李白像，一立一臥，一醒一醉，形態逼真。千百年來，文人墨客紛紛來此，賦詩作對。當年郭沫若來到此樓，並賦詩：「我來采石磯，徐登太白樓，吾蜀李青蓮，舉杯猶在手……」他這首詩的墨蹟，拓於墓園的太白碑林。

李白的一生，差不多在失意中度過，也許正是政治上的失意，才造就了他文學上的巨大成就。這是李白個人的不幸，卻是中國文學的幸運。

從采石磯回馬鞍山市的路上，的哥一路不停地給我們介紹，說到馬鞍山傳說中的來歷，說到今天的鞍鋼，他甚至還說，李白當年就是站在采石磯的峨眉亭上遠望天門山寫下〈望天門山〉這首詩的。是嗎是嗎？我急切地問。可惜今天是個雨天，不然，你真的可以望見天門山的，他肯定地說。

我們雖然不曾見到天門山，但是沒有關係，李白的詩意一路伴隨我們，這已經足夠了。

「北京」

陶然亭畔憶往昔

少女時代，曾先後讀過兩本才女的傳記文學《石評梅傳》和《林徽因傳》，印象很深。好多年過去了，因為電視劇《人間四月天》林徽因已廣為人知，而永遠年輕的石評梅，已漸漸地遠離了我們……

我們來到陶然亭公園時，正是隆冬季節，樹木沒有顏色草地枯萎，大自然一片蕭條，就連原本流動的水，也結起了厚厚的冰來，一切仿佛都在沈默中。我們穿越冰面來到中心島，不一會兒，兩個人——高君宇和石評梅的雕像已在眼前了，他們依偎著站立著，眼望著前方，前方燃著的是他們不滅的理想吧。他們是那樣地年輕，是的，他們就永遠這樣地年輕著，就連他們聖潔淒美的愛情故事，也不會老去。

年輕的時候讀他們的故事，心靈很容易被震撼，如今，隔了十多年的光陰回望，心中還會激蕩。

那是一個讓人激昂又令人心酸的故事。高君宇是五四時期我國早期的地下黨員，石評梅則是京城女教員，名列當時幾大才女之首。高君宇為革命事業奔波忙碌，以致勞累過度而逝，君宇生前幾度向評梅示愛，但評梅因為初戀失敗而抱了獨身的志向，守身如玉的她一直不曾答應君宇的要求，直到在君宇生命垂危之際，評梅才想到要嫁給他，但已挽回不住他的生命。評梅含淚看著至親的愛人離開了她，她的心也碎了。她說：君宇！我無力挽住你迅如慧星之生命，我只有把剩下的淚流到你墳頭，直到我不能來看你的時候。

從此，每個星期天，每個清明節，評梅總要到陶然亭畔君宇的墓前，哭君宇，悼君宇，哪怕雪花飄飄的隆冬季節。

春天的時候，陶然亭公園芳草淒淒，評梅踏著荒野雜草來憑弔君宇了。君宇的墓碑之側，評梅還把君宇自題像片上的話刻在上面：我是寶劍，我是火花。我願生如閃電之耀亮，我願死如慧星之迅忽。評梅撫摸著墓碑，撫摸著她刻的君宇的詩，以淚水寄託她深深的思戀之情。

秋天，楓葉染紅的時候，她在君宇的墓前，想起君宇生前，曾把他的愛寫在紅葉上給她以寄託相思：滿山秋色關不住，一片紅葉寄相思。當初，評梅拒絕了，她說，枯萎的花籃不敢承受這鮮紅的葉兒。這秋天的紅葉，承載過君宇那顆火熱的心，如今君宇走了，他的心卻永遠在留在了她的身邊。從此，她只能把紅葉珍藏在心裏，把少女的情愛深藏於心。

陶然亭的清風吹撫著評梅，陶然亭的河結了冰又化開了。她來哭君宇，哭了三年，她終於把自己最後的淚水流在了君宇的墓前。終於，她真的不能來看他了。評梅，一個更加年輕的生命，帶著她聖潔的心和冰清玉潔的身軀，就這樣，追隨著她心愛的人，急匆匆地離開了人世，去陪伴君宇了。

從此，陶然亭畔君宇的墓畔，又多了一座相仿的白玉墓碑。

生前他們未能相依共處，死後他倆並葬荒丘。陶然亭的青山綠樹，見證了他們的淒美愛情。

未名湖遐想

十多年前，我還在讀高中，哥哥的一位好友考取了清華大學，每到假期，總能見到他帶一些書回來，有一次，他帶來了一本北大的校刊——《未名湖》，是北大五四文學社創辦的，但出刊的年代卻已久了。

我手捧著《未名湖》，一頁一頁地翻看著，心生喜愛。一首名字就叫「未名湖」的詩寫得多好：

三江五湖的水珠
都能在這裏找到折光
所以，叫不出她的名字

讀著讀著，有些醉了。我想像著心中的未名湖該是怎樣的水光瀲灩，想像著走在未名湖畔該是怎樣地心清神寧，想像著吹過未名湖的風中又有幾多詩意……我想，這該是我和未名湖的第一次親密接觸吧，那是來自心靈的交流。

在中國，北大和清華是每個學子心中永遠不滅的夢想，但學文的我自此更偏愛北大，更嚮往未名湖。只是我的學習成績一向糟糕，就算我努力著，也總不能如願。我只能把心願深深地埋藏。對我來說，未名湖是那樣地遙遠，就像天上的銀河遙不可及。

既然無緣坐在未名湖畔晨讀暮吟，那就去看看吧。這麼一想就想了好多年。第一次去北京是單位組織的，跟隨了導遊，遊程安排得緊，住的又是遠郊，不敢輕舉妄動。這次我們全家自助遊，於是到北京的當天就去北大了。

是從北大的東門進入的，轉了幾轉，遠遠地就看見博雅塔高高地聳立著，像一個老人，敞開了博大的胸懷迎接著我們。信爾歡呼著奔去，一個小小孩子，只因母親的嘮叨，對一個不熟悉的景觀，他也倍加鍾愛了。

接著更驚喜的事在我們的視眼裏出現了，一個湖，一個結了冰的湖映入眼簾，冰湖之上，到處是人。這就是未名湖了，這就是讓我神往的未名湖?!

信爾很快地投入到冰上運動中去，先生和我沿著未名湖的湖邊走著，看翻尾石魚，訪臨湖軒，拜蔡元培先生像，謁斯諾墓，感受夕陽西下時的未名湖和從冰湖之上折出的暈黃的光。後來，我們也走上冰面，滑行，穿湖心而過。

我怎麼也沒有想到，我會是在這樣的時候以這樣一種方式與未名湖相會的，如此親近地來到未名湖身邊，甚至身上的熱都能通過腳底傳遞到湖心。我蹲下身來，手撫清涼的冰塊，不冷，有些微熱。是我的心熱著吧。

這是我和未名湖的第二次親密接觸了。

我想像中的未名湖，該是一潭清波的呀。走在未名湖邊上，閉上眼睛的時候，我想起先前看過的一楨未名湖的照片，那是一個秋天的畫面，近處，一顆大樹綴滿了紅葉，遠方是湖是塔是樹是倒影，更是一潭流動著的清波。「湖光塔影」的美稱在這裏傳世，這一湖一塔的結合，正映動著北大的剛和柔。

北大從沙灘的紅樓到如今的燕園，閃耀過多少輝煌的名字，陳獨秀、朱光潛、胡適、李大釗、周樹人、劉半農等，當年北大校長蔡元培先生主張，辦學要古今中外相容並包，還主張思想自由、學術平等、男女平等，北大成了新文化運動的發祥地。而未名湖畔，青山掩遮下綠水映照間，北大的學子們孜孜不倦地追求他們心中不滅的理想……

燕園是燕京大學舊址，原為明代的勺園，到了清乾隆時，便是權相和坤的「淑春園」，未名湖尚有當時留下的一條石舫。北大進入燕京大學後，無論是校舍還是氣氛，都大有改變。如今的未名湖畔，又增加了許多新的建築，一如北大不斷革新的精神。

遠遠望去，夕陽下的未名湖有著幽靜的美，雖然冰湖之上許多人還未散去，但一點沒有噪雜的感覺，從冰面反射的折光裏，湧動著一份隨意而舒適。「未名湖」三個紅色的字，在黃昏裏依然那麼顯眼。當年國學大師錢穆先生一錘定音，以「未名」而名此湖，不正道出了北大人的心聲？三江五湖的水珠，都能在這裏找到折光，未名湖以她博大而儒雅的胸懷，接納了五湖四海的光，那是一個心的湖。

很羨慕北大人，天天沐浴在未名湖的湖光水色中。只願我是一尾魚兒，暢遊在未名湖中，不管春夏還是秋冬。

走出古色古香的西校門，回頭仰望夜幕裏校門上方「北京大學」四個金光閃閃的大字，頓生敬意。

湖北

東坡赤壁

我常常覺得，仰慕一個人，也必定會熱愛他曾經生活過摯愛過的地方。在中國幾千年的文學史上，我最欽慕的人為蘇東坡，因而對黃州赤壁的嚮往，心仰慕久矣，現今特地去尋訪，情欣欣然也。

湖北境內黃州赤壁有別於蒲圻赤壁（三國周郎赤壁），但詩壇上常把黃州赤壁當作三國時鏖戰的古戰場來憑弔，黃州赤壁到了清康熙年間正式改名為東坡赤壁。

蘇東坡是因歷史上有名的「烏台詩案」被貶黃州的。蘇東坡在黃州的日子是其政治生涯的一個低谷，在其文學創作上卻達到了巔峰，就是在那裏，他寫下了天下聞名的〈前後赤壁賦〉和〈念奴嬌‧赤壁懷古〉等詩文。喜歡寄情山水的大文豪在黃州心有所屬，赤壁是他最常去的地方。北宋當年，赤壁之下就是滔滔長江水，喜歡喝酒喜歡月下漫步的蘇東坡兩次月夜泛舟赤壁下，對酒當歌，洞簫聲聲，引鶴入夢，其情摯摯。

赤壁斷岩臨江，陡峭壁立，風景如畫。赤壁之上，有一些亭臺樓閣，坡仙亭曾是蘇東坡酒後醉寫〈念奴嬌‧赤壁懷古〉的地方，問鶴亭便是根據蘇文意境來的，此外二賦堂、碑閣、酹月亭等，掩映在綠樹紅牆間，富有詩意。

初來黃州，蘇東坡的日子過得很艱辛，在臨皋亭裏燒濕蘆葦煮飯，在黃州一塊東坡的地上耕作，稻麥茶桑果菜，應有盡有，他把每個月用的銅錢分三十串掛起來以便不致超支，「東坡肉」是那時燒出來的，「東坡」之號也是那時得來的，但蘇東坡自始至終是個樂天派，即使困境中，總有閒情逸致寄託情感，他在黃州畫的四條屏「翠竹瘦石圖」成了宋畫之珍品，他還親手栽梅，留下黃州郡守郭桐岡摹畫的東坡老梅圖，而他周圍的那些和尚、農人、官吏甚至夢中的仙鶴都是他的朋友，從他的農舍住宅雪堂到城中住所臨皋亭的一段黃泥路上，日日留下他的歡嬉，蘇東坡是快樂的。

赤壁不遠處便是雪堂，雪堂是建在東坡附近的一個荒廢的園圃上，因房子落成時天下大雪，故名「雪堂」。雪堂的臺階下，有一小平橋，雪堂之側，有高柳樹一株，為蘇東坡手植。當年，年輕的書法家米芾因為仰慕蘇東坡的才氣來到黃州，在雪堂他們熱烈地交談，從此成為摯友。從雪堂到赤壁的小道，相信蘇東坡不知走過多少回，於是我和信爾也走著去感受。小道很安靜，茂密的樹林和斑駁的陽光陪伴著我們。如今，赤壁下的江水也不再洶湧澎湃。人傑已逝，歲月不再，不變的又是什麼呢？也許只是這屹立江濱的陡峭的山石而已。

值得一提的是，蘇東坡在黃州還曾寫下一篇短短的月下遊記〈記承天寺夜遊〉，「庭下如積水空明，水中藻荇交橫，蓋竹柏影也。何夜無月，何處無竹柏，但少閒人如吾兩人耳。」蘇東坡把瞬息間的快樂付於筆端，試問，沒有一份寧靜欣悅的心境，又何來這樣的文字？人的一生，來去匆匆，但快樂平和的心態，是豁達者能夠把握的。

我在黃州逗留時，也曾問起承天寺，惜已無人知曉。

#「湖南」

武陵源之旅

那一片神奇的土地

武陵源風景名勝區在湖南省西北部，包括張家界國家森林公園、天子山自然保護區、索溪峪自然保護區，被列為世界自然遺產名錄。

當我們一踏上湖南那片神奇的土地時，我們聽到的、看到的，處處是傳奇。張家界黃石寨頂有六奇閣，六奇意為山奇、水奇、石奇、雲奇、植物奇、動物奇，這裏奇峰縱橫，怪石横空、雲霧繚繞、溪水秀美、森林茂盛，珍禽山中藏（獼猴、穿山甲、娃娃魚生生不息），奇花開滿山（中國鴿子花、龍蝦花隨處可見），這是怎樣一幅美妙的風景？武陵源的山山水水融化了每一個遊人的心，其實，神奇的又何止這些？

據風水家觀察，湖南省的地形，倒過來一如中國的地貌，它東、南、西三面環山，恰似一把龍椅——天子座，巧的是，武陵源景區內正好有一座美麗的天子山，相傳為宋末土家族起義首領向大坤自稱天子而得名。

每一位到過湖南的遊客，必定會聽說過這樣真實而又極具傳奇色彩的故事：一九九三年十二月二十六日，在毛澤東誕辰一百周年的慶祝活動之際，毛主席故居邊滿山遍野的杜鵑花在那個寒冬臘月盛開了，六隻蝴蝶圍繞著主席的銅像翩翩飛舞，天上日月同輝……如果不是湖南人的幾經證實，我一定相信這是傳奇；現在離開了湖南，我依然覺得這是傳奇。還有那巍巍的天門山，相傳鬼谷子曾在此學易經，赤松子在此煉丹，相信天門山晨間的露水夜晚的月色都給了他們以悟性，而仙風道骨的奇人同樣給天門山以靈氣。張家界神工鬼斧的自然風景與源源流傳的人間神話相得益彰，於是我就這樣地沉醉了。

奇異的山水與空曠的心靈

我們來到張家界，剛下得飛機，天就下起了暴雨。第二天，我們依然在雨中行走。上得天子山，西海的奇峰怪石在霧海中時隱時現，巍巍群山聳立在遠處，白色的雲霧時而纏繞在山腰間，時而像遮住群山的面紗，變化萬千的雲霧引得遊人的大呼小叫，這時候，放飛心靈的翅膀與雲霧一起停留在美麗的山間。同伴問我天子山與黃山比，哪個更美？我一時不知如何概說，只能說，一樣的奇絕。面對天子山的美妙，正有「不是黃山，勝似黃山」的感慨。看來，乘著顛簸的飛機來到張家界，絕對是值得的。

十里畫廊一樣是美不勝收，人在山中走，一如畫中遊。當雨停下來之後，空氣異常地清晰，心靈的恬靜融進這空曠的山谷中，把靈魂淨化，讓靈魂融化，享受天人合一的奇妙感受，那是人世間最和諧的意境，於是我想到了離武陵源不遠的桃花源，我彷彿置身其中，一切都是那麼自然，又極盡舒坦。

奇峰三千、秀水八百的武陵源，在我們遊完了天子山後又把我們吸引到了金鞭溪。那長長的金鞭溪，流淌在重重疊疊的峰巒間，幽靜地伸張著，峰隨水轉，水隨峰繞，峰水依依，一派悠閒自得的神情。金鞭溪最聞名的莫過金鞭岩，傳說秦始皇在此趕山填海，龍王驚惶失措，派龍女伴與始皇成親，龍女趁機用假鞭換走始皇的趕山鞭。翌日，始皇趕山不動，怒扔金鞭，金鞭岩就如倒插地中的金鞭。旁邊一石如雄偉的神鷹，為神鷹護鞭，景觀栩栩如生。

一路上伴隨著金鞭溪的潺潺流水聲，欣賞著美麗的景色，又走進了黃石寨、走進了寶峰湖，走進了黃龍洞，夫妻岩、五指峰、猴帥點兵、半臉八戒、定海神針等等，可謂奇峰林立、奇石叢生。想像著有誰背著畫板來寫生，心中必定洶湧起伏，河山秀麗，蔚為壯觀，人間的仙境便是心中不滅的風景。山川有多大，心靈便有多寬。

於是，女詩人蘇葉才有這樣的驚人詩作：「相去千萬里，心隨月色歸。來生甘作石，嫁與索溪水。」在她看來，暢遊武陵源一定是她人生的一大快事。一個女人不會隨意言嫁，她卻甘願化作青青岩石嫁與潺潺溪水，這是何等勇敢的舉措！而我，還未曾離開這裏，就已期待著哪一天重遊此地，再一次地盡情享受。

「跋」

跋

行走是對大地的閱讀

高中畢業之後去金華讀書，這是我嚴格意義上第一次走出家門。小時候雖然也見過上海郊外的山，但慚愧得很，那時我根本不知道自己所在何處。而金華這個婺江邊的古城，給我的漫遊經歷設定了起始點。如今隔了多少年的塵煙回望，似乎那些經歷還在眼前飄忽。我感謝那個並不出名的古城，她讓我懂得依戀是如此美好。

我很容易對某個地方發生依戀，從金華開始，我不斷地依戀著一些地方，如杭州，如青島，如巴黎，恨不得成為這些地方的常客，總是在去過一次之後想著再去一次，再去一次。這種幸福的渴望，讓我的人生充滿了詩意的期待。

受家兄影響，我自幼喜愛讀書。行走卻是另一種方式的閱讀，那是對無限廣袤的大地的閱讀。學生時代，我的目標是走遍金華的山山水水，事實上我的很多個週末都是花在向大自然的奔波中。工作之初，我和朋友啟航一起，趁著年輕，我們憑自己的體力登上黃山並且看了黃山的日出，在普陀，我們在海灘上瘋玩也看海上日出，又一起到同里周莊玩，還繞著太湖遊，在不知疲倦中問山探水。後來，啟航去了東北，這時兒子信爾開始陪我漫遊，記得在武漢時，發現東坡赤壁就在不遠處的黃州，我們便趕了去；有一年又到黃山旅遊，信爾仍陪我一路顛簸著去遙遠的績溪尋訪胡適故居。

說到那些人文景觀，我有滿心的喜悅之情。在海南時，要不是導遊「威脅」讓我自己打車去機場，我還想獨自離團去看看海瑞祠，當然我更想找找蘇東坡在海南的足跡，我想終有一天我會到達那裏。在巴黎，雖然語言不通，我獨自走上繁華巴黎的街頭，為的是尋訪那些有著濃郁人文色彩的景觀。在我的帶動下，我們全家曾經在好幾個春節出去，到過南昌的青雲譜、武漢的古琴台、北大的未名湖等地。在看過很多書之後，再增加一份行走的記錄，這才知道什麼叫完美的閱讀。因為有了這些豐富的行走，我並不覺得人生苦短。

我很愛一句話，讀萬卷書，行萬里路。讀書行走都是我熱愛的，我願這一生的遊歷沒有終點，要是身體走不動了，靈魂依然可以放飛。

夢之儀

2012年6月28日

瘋生活6　生活風格類　PE0032

中國古城行走筆記

作　　者 / 夢之儀
主　　編 / 蔡登山
責任編輯 / 蔡曉雯
圖文排版 / 彭君如
封面設計 / 陳佩蓉

發 行 人 / 宋政坤
法律顧問 / 毛國樑　律師
印製出版 / 秀威資訊科技股份有限公司
114台北市內湖區瑞光路76巷65號1樓
電話：+886-2-2796-3638　傳真：+886-2-2796-1377
http://www.showwe.com.tw
劃撥帳號 / 19563868　戶名：秀威資訊科技股份有限公司
讀者服務信箱：service@showwe.com.tw
展售門市 / 國家書店（松江門市）
104台北市中山區松江路209號1樓
電話：+886-2-2518-0207　傳真：+886-2-2518-0778
網路訂購 / 秀威網路書店：http://www.bodbooks.com.tw
國家網路書店：http://www.govbooks.com.tw
圖書經銷 / 紅螞蟻圖書有限公司
114台北市內湖區舊宗路二段121巷28、32號4樓
電話：+886-2-2795-3656　傳真：+886-2-2795-4100

2012年11月BOD一版
定價：240元

國家圖書館出版品預行編目

中國古城行走筆記 / 夢之儀著. -- 一版. -- 臺北市 : 秀威資訊科技, 2012.11
面； 公分. -- (生活風格 ; PE0032)
BOD版
ISBN 978-986-326-011-0(平裝)

1. 旅遊文學 2. 中國

690 101019816

讀者回函卡

感謝您購買本書，為提升服務品質，請填妥以下資料，將讀者回函卡直接寄回或傳真本公司，收到您的寶貴意見後，我們會收藏記錄及檢討，謝謝！如您需要了解本公司最新出版書目、購書優惠或企劃活動，歡迎您上網查詢或下載相關資料：http:// www.showwe.com.tw

您購買的書名：________________________________

出生日期：________年________月________日

學歷：□高中(含)以下　□大專　□研究所(含)以上

職業：□製造業　□金融業　□資訊業　□軍警　□傳播業　□自由業
　　　□服務業　□公務員　□教職　□學生　□家管　□其它_____

購書地點：□網路書店　□實體書店　□書展　□郵購　□贈閱　□其他

您從何得知本書的消息？

□網路書店　□實體書店　□網路搜尋　□電子報　□書訊　□雜誌
□傳播媒體　□親友推薦　□網站推薦　□部落格　□其他__________

您對本書的評價：（請填代號　1.非常滿意　2.滿意　3.尚可　4.再改進）

封面設計____　版面編排____　內容____　文／譯筆____　價格____

讀完書後您覺得：

□很有收穫　□有收穫　□收穫不多　□沒收穫

對我們的建議：________________________________

____

____

____

請貼
郵票

11466
台北市內湖區瑞光路 76 巷 65 號 1 樓
秀威資訊科技股份有限公司 收
BOD 數位出版事業部

（請沿線對折寄回，謝謝！）

姓　　名：＿＿＿＿＿＿＿＿＿＿　年齡：＿＿＿＿　性別：□女　□男

郵遞區號：□□□□□

地　　址：＿＿＿＿＿＿＿＿＿＿＿＿＿＿＿＿＿＿＿＿＿＿＿＿

聯絡電話：(日) ＿＿＿＿＿＿＿＿＿＿＿ (夜) ＿＿＿＿＿＿＿＿＿＿＿

E-mail：＿＿＿＿＿＿＿＿＿＿＿＿＿＿＿＿＿＿＿＿＿＿＿＿＿